나의 스승, 나의 인생

NANAM
나남출판

# 나의 스승, 나의 인생

## 조순 선생과 함께한 55년

2022년 5월 15일 발행
2023년 3월 20일 2쇄

지은이      鄭雲燦
발행자      조완희
발행처      나남출판사
주소        10881 경기도 파주시 회동길 193, 4층(문발동)
전화        (031) 955-4601(代)
FAX         (031) 955-4555
등록        제 406-2020-000055호(2020.5.15)
홈페이지    http://www.nanam.net
전자우편    post@nanam.net

ISBN  979-11-92275-05-5
ISBN  979-11-971279-3-9(세트)

# 나의 스승, 나의 인생

## 조순 선생과 함께한 55년

정운찬 지음

NANAM
나남출판

# 머리말

완벽한 스승은 어떤 분일까? 한마디로 정의하기는 힘들다. 그러나 나는 감히 그런 스승을 만난 행운아라고 자부한다.

나는 조순趙淳 선생이 오늘의 나를 만들어 주셨다고 항상 말해 왔다. 대학 2학년이던 1967년부터 오늘까지 55년 동안 만들어 주셨다. 경제학에 처음으로 흥미를 갖게 해 주셨고, 졸업 후 취직도 시켜 주셨다. 유학을 보내 주시고, 서울대 교수로 초대해 주셨다. 그 후 내가 학자로서 올바른 삶을 살도록 도와주셨다. 한마디로 나를 끌고 밀며 내 인생을 만들어 주셨다.

나는 이 책을 통해 조 선생이 어떻게 나를 만드셨는지 소개함으로써 부분적으로나마 은혜를 갚고자 한다. 내가 입은 은혜를 다 갚는 것은 애초에 불가능하다. 평생 입은 은혜를 책 한 권에 다 담을 수는 없는 일이다. 또 기억이 희미한 것도 있고 잊어버린 것도 많다. 그러나 기억이 닿는 대로 최선을 다하려 한다.

지난 55년간 한국 사회는 정말로 많이 변했다. 그래서 조 선생과 나 사이에 있던 일들을 소개하는 과정에서 역사적 사건도 많이 언급될 것이다. 숫자 나열이나 디테일 설명은 사실과 조금은 어긋날지도 모른다. 그러나 그런 것들은 의도적이라기보다는 순전히 기억의 한계 때문이라고 양해하여 주길 바란다.

이 작은 책은 지난해 조순 선생과의 추억을 떠올리며 탁상달력 빈칸에 남겼던 몇 쪽의 메모에서 발아했다. 희미해져 가는 기억 속에서 그와 함께했던 시공간을 거닐었다. 그를 처음 만난 1967년 대학 강의실에서부터 현재까지 이어진 그 길을 거슬러 걸은 지난 1년은 귀한 인연을 다시 만난 듯 가슴 벅찬 감동의 시간이었다.

선생의 뒤를 좇아 나 자신도 학생들을 가르치는 교수로 살았다. 제자들에게 조순 선생처럼 훌륭한 스승이 되겠다는 마음은 간절했으나 선생의 그림자에도 미치지 못했음을 고백한다. 그러한 스승 되기의 어려움을 느낄 때마다 나는 유묵遺墨으로 접한 백범 김구 선생의 애송시를 떠올렸다.

눈을 밟으며 들길 갈 때는                        踏雪野中去
모름지기 허튼 걸음 하지 마라.                  不須胡亂行
오늘 내가 남기는 발자취가                        今日我行跡
훗날 뒷사람의 길이 되리니                        遂作後人程

큰 스승이 되어 주지 못해 늘 제자들에게 미안했고, 조순 선생에게 죄송한 마음이었다. 그러나 나의 그런 부족함이 드러나더라도, 작은 용기라도 내어 선생과 함께한 일들을 엮어 책으로 내는 이유는 제2, 제3의 조순 선생이 나타나 훌륭한 사제의 도道가 펼쳐지길 바라기 때문이다.

　나에게 사랑과 정성, 도움과 가르침을 평생 베풀어 주신 조순 선생 같은 스승은 세상에 드물 것이다. 그런 스승을 만나기란 어쩌면 불가능할지도 모른다. 그런 점에서 나는 참 운이 좋았다. 그러나 스승들이 노력하면 나처럼 축복받는 학생이 또 나오지 말라는 법도 없을 것이다.

　이제 찬찬히 그분의 사랑으로 성장한 제자, 완벽한 스승을 가진 행운아 정운찬이 기억하는 조순 선생과의 이야기를 소개한다.

초고 단계에서 이 글을 읽고 개선해 주신 많은 분에게 감사한다. 그러나 혹시 누累가 될까 두려워 이름은 밝히지 않으려 한다. 다만, 나의 애제자 김홍범 교수가 이 책을 통해 조순 선생의 가르침을 전하려는 내 용기에 공감하며 정성 들여 글(헌사)을 써 보내 주었다. 다시 한 번 사제의 정을 나누는 애틋한 시간이었다. 그리고 모든 행정적 업무를 완벽하게 수행한 동반성장연구소의 최지원 연구원에게도 감사한다.

2022년 4월
정운찬

# 차
# 례

## 2장  서울대학교의 발전에 헌신하다

## 3장  정치의 세계에 근접하다

## 일러두기

1. 이 책의 원고 집필을 마칠 때쯤 조순 선생께 〈나의 스승, 조순 선생님〉을 내겠다고 말씀드렸더니 '님'은 과공 過恭이라며 꼭 빼라고 말씀하셔서 말씀대로 뺐다. 조 선생은 예를 들면 일본 사람들은 와다 하루키 和田春樹 선생이라 하지 와다 하루키 선생님이라고 안 부르고, 중국인들은 덩샤오핑 鄧小平 주석이라 부르지 덩샤오핑 주석님이라고 부르지 않는다며 강하게 말씀하셨다.

2. 이 책은 조순 교수의 평전이 아니다. 대학 다닐 때부터 지금까지 내가 선생의 지도와 도움을 받으며 살아온 삶을 기억나는 대로 서술한 것일 뿐이다.

# 1장

# 진정한 어른이자
# 참 스승을 만난 행운

# 조순 선생과의 첫 만남

나이 드신 분은 많아도 진짜 어른은 드문 이 시대에 1928년생인 조순 선생은 명실공히 우리 사회의 큰 어른이자 스승이다. 나에겐 개인적인 은사이기도 하다.

대학 시절 처음 뵌 이후 내가 70대가 된 오늘에 이르기까지 조순 선생은 나를 늘 올바른 길, 새로운 길로 이끌어 주셨다. 내 삶의 중요한 순간순간에 동행해 주신 조 선생에 대한 나의 기억과 추억, 넘치는 감사함을 여러분과 함께 나누고자 한다. 지극히 개인적인 인연이지만 되돌아보면 조 선생과 함께한 시간 속에서 우리나라의 현대사에 아주 중요한 일들이 많아 기록으로 전해도 좋겠다고 생각했다.

나는 1966년 서울대(상과대학 경제학과)에 입학했다. 당시 상과대학은 190명을 뽑았다. 61년 5·16 쿠데타 전만 해도 320명이었으나 군사정부가 서울대 학생들이 데모 많이 한다며 문리대 문과, 법대, 상대 등의 정원을 줄인 결과다. 경제학과는 50명이었다. 지금은 경영대학으로 합쳐진 상학과와 경영학과는 각각 75명과 45명이었다. 그리고 이승만 정부 말기에 수출입국輸出立國을 목표로 설립한 무역학과 정원은 20명이었다. 우리 모두는 대부분의 다른 대학생들과 마찬가지로 청운青雲의 뜻을 품고 입학했다.

당시는 대학에 다닌다는 것 자체가 큰 행운이고 집안의 자랑이던 시절이었다. 그러나 대학의 환경은 보잘것없었다. 1학기 초인 3월 상대가 위치했던 홍릉 캠퍼스는 바람이 세고 황량하여 을씨년스럽기 짝이 없었다. 두툼한 코트를 입고 통학하는 학생들 빼고는 무명 교복을 입었건 모직의 일종인 서지serge 교복을 입었건 모두가 캠퍼스에서 내의를 입고도 덜덜 떨었다. 부근에는 변변한 식당 하나 없었다. 오늘날 대학의 캠퍼스타운과는 거리가 멀었다.

게다가 우리들은 입학한 1966년부터 졸업한 70년까지 4년간을 공부 반 데모 반으로 지냈다. 학기 초에서 학기 말까지 제대로 보낸 학기는 8개 학기 중에 한 번도 없었던 것으로 기억한다. 67년에도 부정선거 시비가 들끓었다. 부정선거 규탄시위가 대학가를 휩쓸었음은 물론이다.

나도 시위대에 합세했다. 나는 겁이 많아 주동은 못했지만 대부분의 학생시위에 참여하였다. 하루는 김근태 선배가 상과대학 2층 207호 강의실에서 밤새워 농성한다며 강의실 바닥에 깔 가마니를 준비하라고 부탁했다. 나는 그 말을 따라 가마니를 상대 건물 안으로 들이다가 학장에게 발각되어 좌우로 따귀를 세게 맞았다. 눈물이 핑 돌았다.

그런데 이 광경을 목격한 한 교수가 나보고 학장에게 사과하라고 하였다. 기가 막혔다. 맞은 사람이 때린 사람에게 사과를 하라니 말이다. 항상 만사를 부드럽게 해결하는 성품의 그 교수는 하지 말라는 데모를 했으니 학생이 학장에게 사과하는 것이 도리라고 생각하셨던 모양이다.

나는 그 교수의 말씀을 따랐다. 지금 같으면 상상이 안 될 수도 있지만 그때는 어색하지 않았다. 어른에 대한 최소한의 예의는 지켰다.

나는 그날 다른 수십 명 학생들과 함께 207호 강의실에서 가마니를 깔고 부정선거 규탄 구호를 외치면서 밤샘 농성을 벌였다.

대학생활의 낭만은커녕 우리들의 관심을 끌 만한 강의도 별로 없었다. 내가 1학년 때 경제원론을 배운 어떤 교수는 교재는 그럴듯하게 립시R. Lipsey의 〈실증경제학 입문〉Introduction to Positive Economics으로 정했다. 오늘날 해적판이라 불리는 복사본을 비교적 싸게 공급하였으나 복사 기술이 변변치 못하여 촛불이나 일반 가정의 희미한 전등불 아래서는 흐릿한 글씨를 읽기가 쉽지 않았다.

그래도 우리들은 처음 본격적으로 읽는 원서(좀더 정확히는 영서)를 내용도 잘 모르면서 강의 진도와 관계없이 열심히 읽었다.

그러나 그 교수는 한 학기를 마칠 때까지 그 교재를 20페이지도 안 다뤘다.

그 당시의 일부 다른 대학에서와는 달리 결강은 별로 없었다. 그러나 강의 내용은 한국 사회가 안고 있는 전반적인 문제점과 그 해결책을 구체적으로 제시하는 것이어서 고등학교를 갓 졸업한 우리들이 소화하기는 힘들었다.

또 파시스트적 사고를 주입하려는 경향도 있어서 대학의 자유로운 공기를 갈망하던 우리들에겐 생소하고 구미에 맞지 않았다. 경제원론 시간에 수요곡선이나 공급곡선을 한 번도 안 그리고 학기가 끝났다. 한마디로 경제원론이라기보다는 시사평론처럼 보였다.

시험은 더 가관이었다. 중간고사 문제는 "연탄 파동에 관해 논하라"였다. 나는 내가 따로 읽은 책, 예를 들면 새뮤얼슨P. A. Samuelson의 〈경제학〉Economics, 6th Ed.에서 어렴풋하게 익힌 수요곡선이나 공급곡선의 이동 등의 용어를 써가며 당시 우리 사회에 만연했던 연탄 등 생필품 사재기에 관해 답을 썼다.

그런데 이게 웬일인가. 중간고사 결과를 받지도 못했는데 학기말 고사 문제는 "쌀 파동에 관해 논하라"였다. 나는 기가 막혔다. 그래서 이렇게 대답했다.

"선생님, 아직 중간고사 답안지를 안 나누어 주셨습니다. 저는 그 답안지의 연탄을 쌀로 바꾸어 놓는 것 말고는 다른 답이 생각나지 않습니다. 죄송합니다."

　결과는 참담했다. 경제원론 성적은 F였다. 경제원론은 전공 필수과목이었다. 그래서 나는 후에 다른 교수로부터 그 과목을 재수강했다. 이와 비슷한 일은 다른 과목에서도 벌어졌다. 그러니 학생들의 향학열은 생길 수가 없었다.

그렇게 어영부영 지내던 중 1967년 가을 우리들의 운명을 갈라놓은 조순 선생이 혜성같이 서울대에 등장하셨다. 선생 덕으로 우리들은 비로소 경제학에 흥미를 갖게 되었다. 선생은 뒤늦은 미국에서의 유학생활과 대학 강의를 접으시고 귀국했다. 경제학 강독 시간에 20세기 최고의 경제학 고전이라는 케인즈J. M. Keynes의 〈일반이론〉The General Theory of Employment, Interest and Money, 1936을 가르치셨다.

　강독이란 외국어로 쓰인 고전을 읽는 과목이었다. 고전은 모두들 중요하다면서도 정작 읽는 사람은 드물다는 말이 있다. 〈일반이론〉도 마찬가지이다. 오늘날 경제학자들 가운데 〈일반이론〉을 제대로 읽은 사람이 과연 얼마나 될까.

그해 5월 말 상과대학 게시판에는 가을학기 예정 강의시간표가 붙어 있었다. 인쇄한 것도 아니고 등사한 것이었다. 거기에 적혀 있던 '조순—경제학 강독'을 보고 일부 학생들은 '조순'을 '조익순'으로 생각했다. 고려대에서 회계학을 가르치시는 조익순 교수가 어떻게 해서 서울대 상대에 와서 경제학 강독 과목을 가르치시게 되었는지 궁금해 하면서 말이다.

1년 반 동안 대부분의 강의를 불만 속에서 듣던 나는 별다른 기대 없이 '조순 — 경제학 강독'을 신청했던 기억이 아직도 새롭다.

나의 안일한 예상은 조순 선생의 첫 강의시간에 완전히 빗나갔다. 한국어는 물론이고 영어, 독일어, 심지어 한시漢詩까지 어느 것 하나 막힘이 없고, 철학, 역사까지 섭렵하신 조순 선생의 수업이 끝나면 강의실의 커다란 칠판은 왼쪽 꼭대기부터 오른쪽 하단까지 세계 각국의 언어로 현란하게 채워져 있었다. 가장 지적인 예술작품이었다.

나는 60분씩 두 번 계속되는 강의시간의 중간에 조순 선생이 10분가량 쉬러 연구실에 가신 틈을 타서 교단으로 올라가 칠판을 지웠다. 당시 나는 칠판을 지우면서 선생의 강의 내용을 그대로 복기하는 기쁨을 누렸다. 그러다 보니 그것은 자연스럽게 나의 공부 습관이 되었다. 물론 나 말고 다른 친구들도 즐겁게 칠판을 많이 지웠다. 지금도 조순 선생의 분필 손글씨로 채워진 멋진 칠판과 그 칠판을 행복하게 지우던 대학생 시절의 내 모습이 생생히 떠오른다.

〈일반이론〉은 듣던 대로 참으로 어려운 책이었다. 그럼에도 조순 선생이 이 책을 선택하신 것은 적어도 두 가지 이유가 있었으리라 짐작된다. 하나는 경제학과가 당시 서울대에서 가장 들어가기 힘들다는 소문만 듣고 경제학과 학생들을 과대평가하셨던 것이다.

또 하나는 서울대 경제학과의 학문 또는 교육 수준을 무리해서라도 획기적으로 높이려는 의도가 있었다고 생각한다. 나중에 알게 되었지만 그 난해한 책을 한 학기 만에 마친다는 것은 학부 수준에서는 물론이려니와 대학원에서도, 또 영어가 모국어인 영국이나 미국 학생에게도 벅찬 과제였다.

버클리University of California, Berkeley에서 박사학위를 받은 뉴햄프셔대학 교수 출신의 조순 선생에겐 모교 강단 데뷔 소품으로 이것보다 훌륭한 교재는 없었다. 선생은 수업을 강행하셨고, 우리들은 허겁지겁 무릎걸음으로 진도를 겨우 따라갔다.

우리들은 한 학기를 지내면서 그 책을 다 이해할 수는 없었지만 열심히 읽었다. 말 그대로 '억지춘향식'이었지만 그 효과는 대단했다. 그 뒤로 우리에게는 겁이 나는 교재가 별로 없었다. 우리도 모르는 사이에 학습력도 학구열도 단단해졌다.

선생은 어느 날 강의시간에 나에게 "Investment is a function of animal spirit"이란 문장을 번역해 보라고 하셨다. 내가 대뜸 "투자는 동물적 근성의 함수"라고 대답하자 선생은 "학자가 동물적 근성이 무언가? 야성적 충동으로 하게"라고 말씀하셨다.

두말할 것도 없이 조순 선생의 권위는 그의 말씀을 모두 진리로 만들었다. 지금 생각해 보면 야성적 충동은 경제용어로는 어감상 다소 야해 보일지도 모르겠다. 하지만 기업의 투자가 동적

개념이라고 한다면 역시 '동물적 근성'보다는 '야성적 충동'이 더 적확해 보인다. 선생이 옳으셨다.

학기말 리포트는 영어로 쓰면 가산점을 주신다기에 잘하지도 못하면서 영어로 썼다. 〈일반이론〉의 해설서라 할 수 있는 한센 A. Hansen의 〈케인즈 입문〉*A Guide to Keynes*을 참고하며 열심히 썼다. 지금으로 따지면 A4용지 7페이지 정도였다. 이러한 경험은 두고 두고 나를 우쭐하게 만든 유쾌한 지적 실험이었다.

미국으로 유학 간 뒤에도 학부 시절 〈일반이론〉을 읽었다는 사실만으로 나는 엄청난 심리적 안정감과 자부심을 만끽할 수 있었다.

우리나라에 널리 알려진 경제학자는 아니지만, 미국 경제학계에 서는 프랭크 나이트Frank Knight의 전성시대(1920~40년대)가 있었다. 1930년대에 시카고대학University of Chicago에서는 "이 세상에 신은 없다. 하지만 프랭크 나이트는 신의 예언자다"라는 말이 학생들 사이에서 유행할 정도였다.

시카고대학에서 박사학위를 받고 현실 정치가 경제에 미치는 영향을 이론적으로 정립하여 1986년 노벨경제학상을 받은 제임스 뷰캐넌James Buchanan은 이 말을 빌려 "진정으로 나는 프랭크 나이트에 의해 경제학으로 개종되었다"고 말했다.

허락 없이 뷰캐넌의 말을 빌릴 수 있다면 나는 이렇게 큰 목소리로 외치고 싶다.

"진정으로 나는 조순 선생을 만나 드디어 경제학에 매료되었다."

내 친구들도 마찬가지였다. 그래서 우리 친구들은 우리도 미국에 갔다 오면 조순 선생처럼 될 수 있을 것으로 생각하고 미국 유학을 참 많이 갔다 왔다. 특히 내가 미국으로 떠나자 "운찬이도 가는데 내가 왜 못 가?"라며 많이 따라왔다. 우리 동기 50명 가운데 반 가까이는 미국 유학생 출신이다.

그러나 미국 유학을 한다고 해서 조순 선생 같은 지성인이 될 수 없음을 아는 데는 그리 오랜 시간이 걸리지 않았다. 선생이 어릴 때부터 갈고닦으신 한학漢學이나 일어, 영어, 그리고 문학과 역사 등에 대한 지식을 모르고 한 착각이었다.

선생은 귀국 후 우리들에게 선물한 첫 강의와 경제정책총론, 경제발전론, 경제학 특강 등의 강의로 학내외에서 케인지언(케인즈주의자)으로 널리 알려지게 되었다. 나는 4학점짜리 경제학 특강 강의를 통해 대학 학부과정 4년 동안 배울 경제이론의 거의 모든 것을 배웠다.

아직 보관하고 있는 당시의 내 강의노트에는 '경제학은 선택에 관한 학문이다', 경제사회뿐만 아니라 일반사회에서도 '얻는 것이 있으면 반드시 잃는 것이 있다'Where there is a gain, there is a loss라든가, '아무것도 하지 않기로 하는 것 또한 경제정책이다' 등 많은 가르침이 적혀 있다. 1학년 때 경제원론에서 제대로 배우지 못한 것을 모두 보충해 주시고도 남은 셈이다.

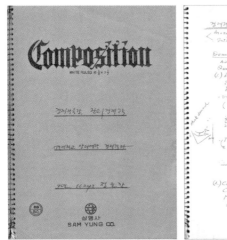

대학 4학년 때 조순 선생의 '경제학 특강'을 수강하며 적은 나의 노트.

케인즈주의란 간단히 요약하면 이렇다. '자본주의건 다른 경제 체제건 다 장단점이 있지만 자본주의의 흠이 가장 적으니 자본주의를 살려야 한다. 100~200년간 자본주의 체제를 잘 유지하다 1930년대에 대공황을 맞으며 위기를 맞았다. 그래서 자본주의를 지키기 위해서는 정부의 개입과 같은 일견 비자본주의적 방법도 불사해야 한다'는 것이다.

케인즈는 고루한 관습과 낡은 인식의 틀에 반대했으며, 인간의 창조적인 정신이 사회의 변혁을 이끌어 낼 수 있다고 믿었다. 양식 있고 직관력을 가진 엘리트들이 사심 없이 정책을 구상하고 그것을 실천에 옮겨야 한다는 케인즈의 가치관은 그의 출생지인 케임브리지의 주소를 따라 '하비가Harvey街의 전제前提'라 불린다. 개화된 인간의 자리심自利心, self-interest이 항상 공익과 일치하는 것은 아니며 '보이지 않는 손'의 신화는 경제학적 연역일 뿐 현실 세계에서는 타당하지 않다고 주장했다.

개별적으로 자신의 이익만을 위해 행동하는 개인들은 공익이라는 선善을 이루어 내기에는 너무 무지하거나 미약하므로, 진정한 의미에서 경제적 자유를 누리기 위해 역설적이지만 유능한 정부의 적절한 개입이 필요하다는 것이다.

〈일반이론〉은 단순한 경제이론서가 아니라 한 실천적 경제학자가 평생을 걸쳐 연마하고 축적한 철학과 사회에 대한 인식이 반영된 책이다. 케인즈의 이론은 완전 고용을 가능케 하는 정책 수단의 유효성에 대한 분석일 뿐만 아니라, 불평등하게 분배된 부와 소득의 재분배가 어떻게 가능한가에 대한 대답이라고도 할 수 있다.

이런 모든 면에서 나는 조순 선생과 케인즈는 많이 닮았다고 생각한다.

# 학문적 깊이에 인간적 매력을 더한 학자

대학 시절 조순 선생과의 첫 만남을 잊을 수 없는 것은 〈일반이론〉을 필두로 한 학문적 신선함과 선생의 권위도 한몫하였지만, 무엇보다 조순 선생은 당시 어린 내가 보기에도 커다란 인간적 매력을 지닌 분이었기 때문이다.

조순 선생은 지적인 면뿐만 아니라 인품도 훌륭하셨다. 우리들을 아랫사람으로 대하지 않고 항상 대등한 입장에서 대화를 나누셨다. 선생은 이런 삶의 태도를 퇴계退溪 이황李滉 선생이 율곡栗谷 이이李珥 선생이나 고봉高峰 기대승奇大升 선생에게 쓴 편지에서 배우셨다고 한다.

선생은 또한 우리들에게 부와 권력의 쏠림 현상을 극복하는 '형평'이나 '균형'의 의미와 중요성을 거듭해서 가르쳐 주었다. 이것이 훗날 내가 동반성장에 관심을 두게 된 여러 동기 가운데 하나다.

무엇보다 조순 선생은 사고가 개방적이었다. 어떤 아이디어도 무시하지 않으셨다. 한 예로, 시장을 매우 중시하며 시카고학파의 거두로, 케인즈주의와 다른 입장을 취하는 밀턴 프리드먼 Milton Friedman의 자유주의 이론을 많이 가르쳤다. 케인즈의 사고뿐만 아니라 프리드먼류의 통화주의적 사고도 터득해야 한다고 자주 말씀하셨다. 경제학에 입문하려는 학생들에게 될 수 있으면 많은 것을 가르치려는 의도였을 것이다.

귀국 후 얼마 안 되어서부터 조순 선생은 언론에 글을 많이 쓰셨다. 주로 경제정책에 관한 것이었지만, 박학다식하고 항상 조화와 균형을 중시하기에 경제계뿐만 아니라 사회 각계에 걸쳐 많은 사람들의 공감과 호응을 얻었다. 그러면서 전 국민의 두터운 존경을 받게 되었다.

조순 선생은 동양적 멋과 서양적 매력을 겸비하셨다. 어떤 기준으로 보나 외모가 출중했고 풍모로도 우리를 압도했다. 당시 우리들은 가끔 조순 선생을 '해리 G. 조순'이라고 불렀다. 그것은 선생이 시카고대학의 존슨Harry G. Johnson 교수와 성함의 발음이 비슷했고 그의 글을 많이 소개하셨기 때문이다.

특히 존슨의 책 〈화폐, 무역 및 경제성장〉Money, Trade and Economic Growth을 자주 인용하며 우리에게도 읽을 것을 권하셨다. 존슨은 시카고대학에 있으면서도 시카고 냄새가 덜 나는 경제학자였다. 시장주의를 설교하기보다는 개발도상국에서의 화폐와 무역의 역할을 이론적으로 보여 주었다. 존슨과 조순 선생은 학문을 연역적

서울대 교수 시절의 조순 선생.

방법보다 귀납적 방법으로 하는 공통점이 있어 보였다.

　두 분의 인상도 비슷한 면이 많았다. 조순 선생이 더 미남이고 또 더 중후한 분위기를 풍기지만, 두 분의 윤곽은 비슷했다. 내가 훗날 프린스턴대학Princeton University에서 공부할 때(1972~76) 프린스턴대학의 케넌Peter Kenen 교수와 예일대학Yale University의 쿠퍼 Richard Cooper 교수가 주최한 '국제경제와 발전에 관한 컨퍼런스'에 존슨 교수가 나타났다. 순간적으로 나는 조순 선생이 오신 줄로 착각했다.

　국민들에게 널리 알려진 '포청천'이라는 별명을 얻으신 것은 1995년 서울시장 선거 때다. 서울대 이후 부총리 겸 경제기획원 장관으로, 그리고 한국은행 총재로 일하신 후 이화여대에서 석좌교수로 계실 때 그곳 학생들이 붙여드린 별명이다. 청렴한 이

미지와 잘 어울리는 별명이었다. 또한 아름답고 품위 있는 백미
白眉, 흰 눈썹과도 잘 어울렸다. 그 흰 눈썹 덕분에 '산신령'이란
별칭도 얻으셨다.

무엇보다 조순 선생의 학문적 깊이와 인간적 매력은 늘 부지런하
고 성실한 일상과, 평생 갈고닦은 유연한 언행 없이는 가능하지
않았을 것이다. 90세가 훨씬 넘으셨으나 최근까지도 영국의 〈파
이낸셜 타임즈〉나 중국의 〈인민일보〉 등 외국 신문을 정기구독
하고 매일 열독하실 정도다. 그래서 조순 선생은 항상 새로운 아
이디어와 정보가 많으시다. 아무리 써도 고갈되지 않는 용지불
갈用之不渴이라고나 할까? 우리에게도 항상 용지불갈한 사람이
되라고 가르치셨다.

　하루는 한 학생이 경제학자를 꿈꾼다고 하자 일생 동안 새벽
4시 이전에 일어나 책 읽을 각오가 되어 있어야 한다며 말리셨다
고 한다. 당신의 성실함을 제자들이 따르기를 바라서 하신 말씀
이라 생각한다. 사실 나와 같은 게으른 사람에게는 참으로 아픈
말씀이다. 그런데 조 선생은 일상을 그 말씀대로 사시는 분이다.

또한 언행의 유연성은 조순 선생과 견줄 사람이 많지 않을 것이
다. 내가 대학 다닐 때 조 선생의 성함은 영자로 Soon Chough였
다. 그 묵직한 영문 이름에 매료되었다. 유학을 마치고 귀국하여
보니 Soon Chough가 Soon Cho로 바뀌어 있었다. 사람들에게

그 이유를 물었더니 조순 선생의 선배 교수가 조를 Cho로 쓰면 됐지 왜 필요 없이 멋을 부려 Chough로 쓰냐고 농담인 듯 진담인 듯한 말을 하자 어렵지 않게 Chough를 Cho로 바꾸셨다는 소문이 있었다고 했다.

나는 미국 유학생활이 끝날 무렵 직장을 구할 때 조순 선생이 미국에서 학부과정을 밟으신 대학이자 리틀 아이비리그 가운데 하나인 보든대학Bowdoin College을 방문했다. 선생이 다니신 학교에서 교수를 하면 멋있겠다고 취업 면접을 갔던 것이다(이곳에서 교수 제의를 받았으나 결국 컬럼비아대학Columbia University으로 갔다). 그곳의 롱맨Longman, 십맨Shipman, 달링Darling 교수 등에게 내가 조순 선생의 제자라고 하자 그들은 반색하고는 조순 선생이 1950년대 말부터 60년대 초에 걸쳐 그 대학의 최우수 학생이었다면서 모두들 조 선생의 안부를 묻기에 참으로 반가웠다.

나는 영문 이름 Chough를 Cho로 바꾸신 것이 조금 아쉬웠다. 하지만 그것은 조순 선생의 유연한 생활태도를 보여 주는 본보기로 생각되었다.

언젠가 왜 영문 성함을 처음에는 Chough로 하셨다가 나중에 Cho로 바꾸셨냐고 여쭈어 보았더니 보든대학 재학 시 중국의 저우언라이周恩來의 영문 스펠링 Chough가 멋있어 보여 그것을 따랐지만 Cho로 바꾼 것은 별 계기가 있던 것은 아니라고 담담히 말씀하셨다.

조순 선생은 또한 언제나 남에게 감사할 줄 아는 사람이 되라고 강조하셨다. 특히 최근에 이르러서는 더욱 강하게 말씀하셨다. 모든 삶의 근본은 감사이기에 감사하면 자연스레 선행을 한다고 말씀하셨다.

다음 7언절구七言絶句는 선생이 손수 지으신 것이다.

선행이 감사를 앞설 수는 없다 　　善行莫先於感謝

감사는 선행의 어머니다 　　感謝是善行之母

# 직장부터 유학까지 제자의 인생을 설계해 주신 스승

조순 선생은 대학 시절부터 나에게 개인적으로 삶의 방향을 제시
하신 분이기도 하다. 공부만이 아니라 제자의 진로와 인생의 중
요한 과정까지 책임지는 스승은 드물다. 나는 그런 은사를 가진
행운아다.

　대학 시절에 나는 경제학을 평생 공부하고 그것을 생업으로
삼는다는 것은 꿈도 꾸기 어려웠다. 학문의 길이란 하루하루의
생활이 벅찬 고학생이 택하기에는 아득히 먼 다른 세상의 일로만
여겨졌다.

　그렇다고 해서 내 현실에 맞는 길을 찾아 도전하겠다는 야심도
없었다. 4학년 2학기까지 나는 딱히 정해진 진로가 없었다. 당시
학생들 사이에는 취직시험이나 대학원 입시 준비를 하는 것은 대
학의 낭만과는 거리가 멀다는 생각이 팽배하였다. 극심한 취업
난에 고통을 겪는 요즘 대학생들은 상상하기 힘든 일이지만 나는
그런 풍조를 따라 아무런 졸업 준비도 안 하고 있었다.

졸업을 바로 앞두고 노령의 어머니를 생각해 취직하려고 보니 준비가 돼 있지 않았다. 그럴듯한 탈출구인 입대는 이미 병역법 제44조 2항, 즉 부선망독자父先亡獨子로 소집 대상이 아니었고, 또 대학원은 나에게 어울리는 곳이라고 생각하지 않았다.

내가 1학년 때, 나중에 총장이 되신 최문환 교수는 사회과학개론 강의에서 독일 철학자 헤겔Georg Wilhelm Friedrich Hegel의 명언이라며 "배고프면 학문하기 어렵다"라는 말을 자주 인용하셨다. 그 말이 대학원으로 향하려는 내 발목을 붙잡고 있었다. 어찌 들으면 당연한 말 같은데 이 야박한 경구는 늘 집안 살림을 걱정하며 공부한 나를 몹시 우울하게 만들었다.

이때 나에게 삶의 길을 안내해 주신 분은 대학생활에 흥미를 갖게 해주셨던 조순 선생이었다. 선생이 흔쾌히 추천서를 써주셔서 나는 한국은행에 들어가게 되었다.

한국은행에서 나에게 주어진 기회는 서울대 상대, 서울대 법대, 고려대, 연세대, 성균관대 등 몇몇 대학 졸업예정자 중 약간 명을 특별히 선발하는 추천제 채용이었다. 몇 년 전에 없어졌다가 바로 그 전해에 다시 시행됐는데, 그 가운데 한 자리가 내 몫이 되었다.

자리도 안성맞춤이려니와 홀로 자식들을 키우신 어머니에게 처음으로 안정된 생활을 약속할 수 있다는 점이 여간 고마울 수 없었다. 요즘도 금융권을 '신이 내린 직장'이라고 부르지만, 대기업이 별로 없던 당시 한국은행은 많은 젊은이들이 첫손가락으로 꼽던 선망의 대상이었다. 경제학과 동기 가운데 상당수가 한국은행에 입행했다.

나는 그때부터 인생을 새롭게 출발하겠다고 다짐하며 일생 처음으로 넥타이를 매고 출근했다. 하지만 세상은 그리 만만치 않았다.

1970년 2월인가 한 달간의 연수를 마치고 신입행원 발령을 받는 날, 통근버스에서 얼굴을 익힌 인사부 선배가 나에게 면접성적, 연수성적이 다 좋아 조사1부로 발령이 났다고 귀띔하면서 축하 인사를 했다. 그때만 해도 조사1부는 한국은행 직원이라면 누구나 1순위로 지원하는 인기 최고의 부서였다. 그러나 발령이 나는 날 10시에 열리기로 했던 사령장 수여식이 오후 2시로 연기되더니, 오후에 열린 수여식에서 나는 대학 졸업자 49명, 상업고등학교 졸업자 50명 발령까지 다 난 뒤에야 100번째로 호명되며 외환관리부로 배정되었다.

나중에 그 인사부 선배에게 발령받은 당일 일어난 뒷이야기를 듣고 그의 마음고생을 알게 되었다. 수여식 당일 새벽 한 외부 인사가 한국은행 인사담당 이사에게 자기 아들을 조사1부에 보내 달라고 부탁해서 전날 작성해 캐비닛에 넣어 둔 사령장을 오전에 고쳐 써야 했다는 것이다. 그리고 조사1부에 배정되었던 5명 가운데 4명은 이런저런 이유로 뺄 수 없어서 나를 그다음 인기 부서인 외환관리부로 돌렸다는 것이었다.

　나는 그 선배에게 여러모로 신경 써 주어서 고맙다고 인사했다. 속으로는 한국은행도 이런가 하고 화가 치밀었지만 달리 운신할 수 있는 처지는 아니었다.

　나는 결국 외환관리부 외환과에 배치되었다. 창구에서 일반은행 외환담당자들과 외환거래를 하고 또 매일매일 한국의 대 외국 환율 결정 과정에 참여하며 직장생활에 적응해 갔다.

이렇게 한국은행에서 1년 남짓 근무한 어느 날, 외환관리부장실에서 조순 선생이 나를 부르신다고 호출이 왔다. 남아메리카 출장을 가기 위해 시내에 환전하러 나오셨다가 외환관리부장 방에 들러 나를 부르셨다고 한다. 일부러 격려하러 오신 것이 분명했다. 나는 반갑게 인사를 드렸다.

　그런데 선생이 대뜸 왜 창구에서 근무하느냐고 물으셨다.

　"창구에서 근무를 시작해야 전반적인 업무 파악이 빨라 나중에 한국은행 총재가 쉽게 될 수 있답니다."

　갑작스러운 조 선생의 질문에 당황해서 나는 어설프게 둘러댔다. 평소의 나답지 않게 어색하고 과장된 표현이었다.

　내 말의 뉘앙스에서, 아니면 내 얼굴에서 다 감추지 못한 옹색함이 그대로 묻어났던지, 선생은 나에게 시간이 나거든 장위동 댁으로 들르라는 말씀을 남기고 총총히 걸음을 옮기셨다. 존경하는 스승에게 못난 모습을 보인 것 같아 내내 마음이 무거웠다.

일주일 뒤, 조 선생 댁을 방문했다. 선생은 나에게 학부 공부만으로는 한국은행에서 일하는 데에도 부족하다며 유학을 가라고 권하셨다. 뜬금없는 말씀이었다. 그때가 봄이니 유학을 가려면 이미 입학허가서를 손에 쥐고 있어야 하는데, 나는 지원서조차 낸 곳이 없었다. 더구나 유학은 당시 내 경제사정을 감안한다면, 그저 먼 하늘에 흘러가는 뜬구름 같았다.

하지만 선생의 말씀을 듣고 한편으로 심장이 뛰었다. 여건만 허락한다면 미국과 같은 광활한 무대로 나가서 더 공부해 보고 싶지 않은 젊은이가 어디 있겠는가? 미국 학생은 물론 전 세계 각국에서 몰려온 친구들과 같이 공부하고 싶다는 꿈은 언제나 불가능해 보였지만, 그럼에도 늘 내 생각 한 귀퉁이를 차지하고 있던 열망이기도 했다.

선생은 이미 오래전부터 생각해 두신 듯, 조금도 망설이는 기색 없이 미국 오하이오주의 마이애미대학Miami University (플로리다주에 있는 마이애미대학은 University of Miami)을 지목하셨다.

"거기 가서 부리나케 공부하게. 서머스쿨까지 다니면 1년 안에 석사과정을 마칠 수도 있을 거야. 그다음 박사 코스는 더 경쟁적인 데에서 밟으면 되지 않겠나?"

또 버클리에서 같이 공부했고 친분이 있는 사람이 그곳에 교수로 있으니 입학 절차는 걱정 말라고 하셨다. 그분은 몇 년 후에 하와이대학으로 자리를 옮겨간 이정훈 교수였다.

얼마 뒤 나는 서둘러 정부의 유학허가 시험을 어렵게 통과하고 마이애미대학에 입학하게 되었다. 지금 돌이켜 보면 이면裏面의 진실을 보는 지혜로운 선생께서 너무나 감사하게도 제자의 공부에 대한 열정을 용케 찾아내 주신 것은 아니었을까.

처음으로 태평양을 건너 미국으로 향하던 1971년, 내 머릿속에는 한껏 부푼 희망과 미지의 세계에 대한 두려움, 그리고 서울에 두고 온 사랑하는 사람들에 대한 걱정이 번갈아 나타났다 사라졌다. 조순 선생이 인도해 주신 대로 마이애미대학에 도착했다. 그곳에서 이정훈 교수를 만났다.

세계적 법철학자 한스 켈젠Hans Kelsen의 외손녀인 앤Anne 여사와 결혼한 이정훈 교수는 '깨끗하게' 미국화한 훌륭한 경제학자이셨다. 미국으로 건너가서 이 교수를 처음 만났을 때 선생은 나의 영어능력 향상을 위해서 영어로 말하자고 하셔서 한국어로 대화한 적은 별로 없다. 나는 이 교수로부터 미시경제학 분야의 일반균형이론을 배웠다. 참 쉽게 가르치셨다.


마이애미대학에서 석사학위를 받자마자 나는 다음 도약대로 프린스턴대학을 선택하였다. 루이스W. A. Lewis 교수의 지도를 받으며 당시 한 시대를 풍미했던 경제발전론을 탐구하고 싶었기 때문이다. 그것은 우리나라 같은 개발도상국에는 꼭 필요한 분야였다.

조순 선생은 미국 경제학의 '세븐시스터즈'라고 알려진 하버드, 프린스턴, 예일, MIT, 시카고, 버클리와 스탠퍼드 가운데 한 곳으로 가면 좋겠고, 특히 프린스턴대학에는 국제경제학의 대가 바이너 교수, 경제발전론의 대가 루이스 교수가 있으니 가능하면 프린스턴대학에 가라고 하셨다.

조순 선생은 서울대 상대 졸업 후 육사에서 6년간 교관을 하시다가 뒤늦게 30세에 도미하여 보든대학에서 학부과정부터 다시 공부하셨다. 대학원에 가실 때 지원한 모든 학교에서 입학허가가 났지만 프린스턴대학에서만 거절당했다고 말씀하시며, 학생을 조금 뽑기 때문에 들어가기가 쉽지 않다고 경고하셨다. 당신이 입학에 실패한 곳을 도전해 보라는 말씀이었다.

나는 그때 선생께 여러 대학 가운데 하필이면 왜 버클리로 가셨냐고 여쭈었다. 선생은 여러 군데서 입학허가를 받고는 모친께 편지를 보내셨다고 한다. 하버드대학은 서울로 치면 그리고 고등학교로 치면 A교와 같은 곳이고, 버클리는 확장 일로에 있어 재정지원이 좋은데 아직은 당시의 B교와 같다고 말씀하셨다. 모친은 선생의 나이가 30이 넘었는데 어떻게 A교 같은 하버드에서 젊은이들과 경쟁하겠냐며 A교보다는 B교 같은 버클리로 가라고 말씀하셨고, 선생은 모친의 말씀을 따라 버클리로 가셨다.

뿐만 아니라 보든대학의 지도교수 가운데 한 분인 폰테코르보 G. Pontecorvo 교수가 버클리 출신이었고, 이미 한국에서 대학을 다닌 '조순 학생'을 3년 만에 졸업하도록 주선했으며, 또 버클리에 강력한 추천서를 써 주었으므로 버클리로 가는 것이 순리라고 생각하셨다고 한다.

폰테코르보 교수는 1986년에 한국을 방문하셨다. 해양수산업에 관한 세미나 참석차였다고 기억한다. 그때 폰테코르보 교수, 조순 선생 그리고 나, 셋이서 창덕궁을 찾았다. 우리들은 학문 3세대라며 즐거운 담소를 나누었다. 조순 선생의 보든대학 시절, 나의 프린스턴 대학원 시절과 컬럼비아대학 교수 시절, 그리고 폰테코르보 교수의 버클리 대학원 시절 등 많은 이야기를 나누었다.

사실 조순 선생이 나에게 유학을 처음 권한 것은 졸업 이전이었다. 내가 대학 4학년 때인 1969년 어느 날 우연히 교정에서 만난 나를 선생은 연구실로 데려가셔서 미국 유학 갈 계획 없냐고 물으신 적이 있다. 그때 나는 유학 갈 경제적 여유가 없다고 담담히 말씀드렸었다. 그게 다였다. 그러나 선생은 그때 일을 기억하고 장학금을 당장 받을 수 있는 곳으로 나를 보내신 것이 틀림없었다.

제자로서 선생과의 인연을 돌이켜 보니 성인이 된 후로도 내 삶의 마디마디에 조순 선생이 계셨다. 내가 어려움을 겪을 때는 어떤 방법을 동원해서라도 도와주려 하셨고, 작은 성취에도 나보다 더 기뻐하시면서 푸근한 웃음을 지어 주셨다. 나 역시 제자들의 아픔을 공감하고 취업이건 유학이건 도와주려고 노력했지만 조 선생의 그림자조차 따라가지 못했다.

초·중·고등학교나 대학 시절의 한 학년 또는 어느 시기에 공부는 물론 어려운 사정을 살펴 주는 스승은 있다. 그러나 50여 년이 넘는 세월 내내 나도 모르는 내 재능과 꿈을 발견하고 시기마다 적절한 조언은 물론 응원과 후원까지 해주시는 은사는 역사책을 뒤져 보아도 찾기 힘들 것이다. 조순 선생은 그 어려운 일을 항상 자애로운 미소로 당연한 듯 맡아 주셨다.

# 어머니 상喪에도 귀국 못 했던 미국 유학생활

나는 조순 선생 덕에 1971년 8월 31일 드디어 미국 유학을 떠났다. 그리고는 꼭 7년 뒤인 78년 8월 31일에 귀국했다. 그동안 한 번도 돌아오지 않았다. 그때는 비행기 표가 비싸서 유학생은 보통 일시 귀국을 생각하기 어려웠다. 뿐만 아니라 외국 학생의 일시 귀국 사실을 대학원 주임교수 또는 논문 지도교수가 알면 공부 태만으로 낙인찍힐 수도 있었다. 특히 실험실에서 교수와 실험을 매일 같이하는 이과 학생들은 더더욱 그랬다.

1973년에는 어머니가 타계하셔서 귀국할 뻔도 했으나 가족들이 아무도 나에게 알려 주지 않았다. 공부에 지장이 있을 테니 알리지 말라는 어머니의 엄명 때문이었다.

그 유학생활 7년 동안 많은 일이 있었다. 난생처음 타 보는 비행기 속은 으리으리했다. 당시는 한국-미국 직항이 거의 없었다. 그래서 서울-도쿄, 도쿄-하와이, 하와이-LA, LA-신시내티 등 4개의 노선을 따라 4대의 비행기를 탔다.

첫 노선(서울-도쿄)에서 겪은 당황스러웠던 일을 소개한다. 스튜어디스가 나보고 "Coffee or tea?", 커피 마시겠느냐 차 마시겠느냐고 묻기에 어렵지 않게 "Tea"라고 대답했다. 조금 있다가 "Coke or seven-up?" 했다. 나는 coke도 모르고 seven-up도 처음 듣는 말이었다. seven-up의 up 때문에 위를 쳐다보니 천장 빼고는 아무것도 안 보였다. 그러나 coke는 coca cola 발음과 비슷하여 자신 없는 목소리로 "Coke, please"라고 대답했다. 촌놈이 따로 없었다.

'up'이라는 단어는 나중에 또 나를 골렸다. 마이애미대학에서 미국인 클래스메이트가 나보고 "What's up, Un Chan?" 하기에 나는 또 반사적으로 위를 쳐다보았더니 그 친구가 재빨리 눈치채고 "What's new?"라고 고쳐 물은 적이 있다. 그 후 'up'이라는 단어는 언제 마주쳐도 다른 의미로, 그리고 새로운 의미로 쓰이는 것처럼 보였다. 실제로 많은 의미를 갖고 있다.

마이애미대학이 있는 오하이오주의 옥스퍼드시에서 길을 걷다 보면 아이들이 "Hi, Jap"(야, 일본 놈!) 또는 "Hi, Charlie"(야, 중국 놈!)라며 나를 놀려댔다. 놀려대서 싫었지만, 동양인을 놀릴 거면 "Hi, Korean"이라고도 할 것이지 한국은 머릿속에도 없나 하고 궁금한 적도 있었다.

나는 조순 선생의 가르침을 따라 다른 대학에서 박사과정을 밟을 목적으로 마이애미대학에 도착한 지 4개월도 안 되어 7, 8개 대학에 지원하였다. 나의 9월 학기 성적을 보고 잠재능력을 인정했는지 마이애미대학 교수들이 나에게 추천서를 잘 써 주었다. 그 덕분에 프린스턴대학을 포함하여 5군데서 입학허가를 받았다. 그리고 조 선생이 권유했던 대로 프린스턴대학으로 갔다. 가 보니 선생이 말씀하신 바이너 교수는 이미 1년 전에 세상을 떠나고 안 계셨다. MIT의 천재 경제학자 새뮤얼슨이 시카고대학 학부 학생이었을 때 그를 키워 냈고, 국제경제학의 최고봉일 뿐만 아니라, "경제학은 경제학자가 하는 (모든) 것"Economics is what economists do이란 유명한 멘트를 날린 분인데 참 아까웠다.

바이너 이후 경제학에서는 국방경제학, 교육경제학, 건강경제학 등 경제학을 사회 각 분야에 응용하려는 노력이 활발하였다. 루이스 교수는 내가 경제발전론 강의를 들은 후 발전론으로 학위 논문을 쓸 수 있냐고 묻자, 발전론은 경험적 연구를 하여야 되고 경험적 연구는 통계를 필요로 하는데 한국(은 물론이려니와 아시아)의 통계는 믿을 수 없다고 거절하였다.

참으로 기가 막혔다. 그러나 당시 한국 통계작성 과정의 현실은 루이스의 말을 전적으로 부인할 수도 없는 수준이었다. 그래서 한국은행에서의 근무 경험을 살려 화폐금융이론을 전공하기로 마음먹었다.

프린스턴대학 유학 시절 아직도 선명하게 남아 있는 기억 중 하나는 당시 케인즈주의의 최고봉이었던 새뮤얼슨을 세미나에서 만난 일이다. 경제학이 자신을 위해 만들어진 학문이라고 말할 정도로 그분은 자신의 학문에 대한 자부심이 대단했다.

학식과 명예는 말할 것도 없고 1950년대에 이미 인세만으로 백만장자 반열에 오른 그였다. 월스트리트에서 주식투자로 거액을 손에 쥔 뒤 "돈 못 버는 경제학자는 진정한 경제학자가 아니다"라고 큰소리치기도 했다.

# 제자의 결혼을 위해 신부 부모를 설득한 스승

1972년 8월에는 서머스쿨까지 다니며 마이애미대학에서 석사학위를 받았다. 곧바로 프린스턴대학으로 옮겨 박사과정을 시작했다. 76년 봄에는 컬럼비아대학에서 교수로 연구와 강의를 시작했다. 그리고 모교인 서울대의 부름을 받고 78년 8월 귀국하였다.

나는 유학 중 조순 선생과 계속 연락을 주고받았다. 그러나 나의 게으름 탓에 선생이 보내신 편지가 내가 선생께 드린 편지보다 훨씬 많다. 선생은 사회과학대 학장 시절 오른손을 다쳐 글을 쓰기가 쉽지 않을 때에도 왼손으로 긴 글을 써 보내신 적도 있다. 선생께는 다른 여러 가지 빚과 함께 통신에서도 일생을 통해 많은 빚을 진 셈이다.

선생께 진 빚은 헤아릴 수 없지만 결혼마저 조순 선생 덕분에 가능했다. 유학 가기 전 서울에 사귀는 사람이 있었으나 처가에서 나를 미더워하지 않으셨다. 뭐 하나 번듯한 구석이 없었으니까.

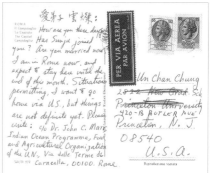

조순 선생이 인도에서 보내신 엽서(1973)와 이탈리아 로마에서 보내신 엽서(1973).

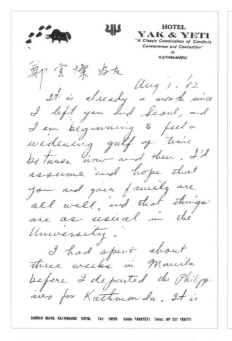

조순 선생이 네팔 카트만두에서 보내신 편지(1982).

46

실제로 처가의 반대로 나는 결혼을 못 할지도 모를 상황이었다. 할 수 없이 혼자 미국 유학길에 올랐다.

이를 딱하게 여긴 조 선생은 1973년 연초에 사모와 함께 장인, 장모가 되실 분들을 당시 남산 중턱에 있던 중식당 동보성에 초대하셨다. 조 선생과 나의 장인어른은 양주 한 병을 다 비웠다고 한다. 선생은 비록 나의 외적 조건은 보잘것없을지 몰라도 나중에 적어도 작은 대학의 교수는 될 수 있을 것이라며 결혼을 허락할 것을 권하셨다고 한다.

그런 곡절 끝에 내 처는 부모의 허락을 받고 홀로 도미하여 우리는 그해 6월 프린스턴대학 채플에서 조촐하게 결혼식을 올렸다. 하객은 20~30명이었다. 경제학과 교수 5, 6분과 한국 유학생들 그리고 프린스턴대학 부근에 사는 한인들이 전부였다. 팍스R. Fox 교목이 집전하였다.

조순 선생은 1973년 여름에 프린스턴대학을 방문하셨다. UN식량농업기구FAO 초청으로 인도와 이탈리아 출장을 마치신 후 미국에 들르신 것이다. 뉴욕에서 유학하던 배무기 교수 그리고 뉴욕시립대학 교수를 하던 심재강 교수와 함께 오셨다가 두 분이 뉴욕으로 돌아간 후 나의 누추한 기혼 대학원생 숙소에서 하루를 묵고 가셨다.

다음 날 아침 나는 조 선생의 프린스턴대학 캠퍼스 투어를 도와드렸다. 나는 또 대학원 주임교수이자 〈월가의 랜덤 워크〉A Random

나의 신혼집인 프린스턴 기혼 대학원생 숙소 앞에서(1973).
이 건물은 1차 세계대전 때 ROTC 학생들의 숙소였다. 지금은 현대식 건물로
바뀌었다. 왼쪽부터 심재강 교수, 조순 선생, 고 배무기 교수, 나.

*Walk Down Wall Street*의 저자인 맬킬B. Malkiel 교수를 조 선생께 소개
하였다. 조 선생이 어떻게 하면 한국 학생을 프린스턴대학으로
더 보낼 수 있냐고 묻자, 그는 미소를 띠며 그것은 내가 얼마나
잘 공부하느냐에 달려 있다고 했다. 다소 부담이 되는 말이었으
나 그 말을 듣고 더 열심히 공부하였다.

그리고 저녁에는 프린스턴대학의 한국 유학생들과 즐거운 저
녁 시간을 가졌다. 당시는 한국 학생이 8명밖에 안 되었다.

선생이 미국까지 오신 것은 주로 우리 부부의 신혼생활을 살
펴보기 위한 것이었다. 조 선생은 둘이 잘 살고 있는지 궁금하셔
서 미국에 들르신 것이었다. 접대가 너무 소홀하여 어쩔 줄 모르

는 우리들에게 오히려 선생은 자전거 사라고 돈까지 주고 가셨
다. 가난한 유학생 부부에게 참으로 귀한 선물이었다.

프린스턴대학 공부는 빡빡했다. 마이애미대학에서보다 훨씬 빡
빡했다. 미시경제학 I은 보멀W. Baumol 교수, 거시경제학 I은 블
라인더A. Blinder 교수, 그리고 계량경제학 I은 퀸트R. Quandt 교수
에게서 배웠다. 그 분야의 최고 권위자에게서 배웠다고 자부한
다. 그러나 미시 II, 거시 II, 계량 II는 각각 위상수학topology, 미
분방정식differential equation, 그리고 수리통계학mathematical statistics
때문에 조금 애를 먹었다.

　학점도 썩 잘 나오지 않아 맬킬 교수에게 "장학금을 주며 입학
시켜 주었는데 기대에 못 미쳐 미안합니다"라고 말했다. 그는 모
든 다른 학생들의 성적을 이름을 가리고 보여 주며 "자네가 기대
이상으로 잘했다"You have done much better than we expected you to라고
오히려 치켜세워 주었다.

　프린스턴대학에서는 다른 학교들보다 학생들에게 더 많은 자
유가 주어졌다. 우선 필수과목이 없었다. 논문제출 자격시험에
만 통과하면 언제든지 학위논문을 쓸 수 있었다. 옥스퍼드대학
University of Oxford에서 석사를 받고 온 영국 학생 제임스 트러셀
James Trussell은 1년 6개월 만에 박사학위를 받고 프린스턴대학의
인구문제연구소에서 조교수로 채용될 정도였다. 또 수학과에서
는 18세에 박사학위를 받은 학생도 있었다. 학내 또는 학외에서

장학금을 받으려면 성적을 보고해야 하므로 성적이 중요하지만 그렇지 않으면 시험 1시간 전까지도 수강신청을 취소할 수도 있었다.

장학금은 4년 이상은 안 주었다. 그러나 학교는 친절했고 또 관대했다. 장학금은 학기 중에만 주었기 때문에 방학기간에는 스스로 생활비를 벌기 위해 아르바이트를 하거나 자비로 충당해야 했다. 그러나 학과에 신청만 하면 연구과제가 많은 교수에게 연구조교R. A.로 학생을 배정해 주었다.

나는 결혼 후에는 그것도 모자라 가끔 주말에 대학 인근 과수원에 가서 사과 따는 아르바이트를 하였다. 장학금은 한 달에 500달러였는데 하루 사과 따는 보수가 50달러였다. 내가 일한 농장 주인은 자기가 프린스턴대학 출신이라며 100달러를 줄 때도 있었다. 나는 이 모든 것이 운이 좋았기 때문이라고 생각했다. 프린스턴이란 이름 덕분에 아르바이트에서도 넉넉한 보수를 받을 수 있었다. 나는 이러한 행운도 나의 미국행을 가능케 해주신 조순 선생 덕분이라는 것을 잘 안다.

프린스턴대학이 제도상 학교에서 4년 이상 장학금을 주지 않는 것은 그래야 부지런히 공부를 마칠 것이라는 판단인 듯하다.

1975년 가을, 박사과정 4년 차가 되어 나는 직업을 찾으러 취업시장에 나가야 했다. 대학, 연구소, 국제기구, 미국의 중앙은행 격인 연방준비은행 등 여러 곳에 지원서를 보냈다. 그 가운데 10여

곳으로부터 12월 하순에 텍사스의 댈러스에서 열리는 미국경제
학회 모임에서 만나자는 연락이 왔다.

나는 항공료가 비싸 댈러스행을 포기할까 생각했다. 그러나
퀀트 교수가 자신의 연구를 보조하는 조그만 일을 시키고는 여비
를 넉넉히 주어 그걸로 댈러스에 다녀올 수 있었다. 그 연구는
1969년에 새로 제정된 노벨경제학상 수상자들을 여러 측면에서
비교한 것이었다. 그 결과는 *Journal of Political Economy* (1976)에
실렸다. 그리고 퀀트 교수는 그 학술지에 나의 보조가 도움이 되
었다며 감사의 표시를 했다.

댈러스에서의 인터뷰 후 이듬해 1월에 나를 다시 부른 곳은 보
든대학, 컬럼비아대학, 뉴욕연방준비은행 New York Fed, 국제통화
기금 IMF 등 4곳이었다. 나는 이들 미래의 잠재적 직장에 가서 각
각 2박 3일간 심층 인터뷰를 하였다. 그러나 보든대학과 뉴욕연
방준비은행에서는 일찌감치 채용제의가 왔지만 컬럼비아대학과
IMF는 1월 말까지 답이 안 와 답답했다.

이때 구세주 노릇을 해 준 분은 블라인더 교수였다. 어느 날 경
제학과가 위치한 디킨슨 홀 Dickinson Hall에서 우연히 만난 그는
"직장 문제는 어떻게 되어 가나?" 하고 질문을 건넸다. 답답해
하던 내 사정을 알아채셨는지 그는 IMF와 컬럼비아대학에 각각
전화를 걸었다. 컬럼비아대학에는 다음 날 10시까지 연락이 안
오면 내가 IMF로 갈 것이라며 빨리 채용제의를 하라고 재촉했

다. 그리고 IMF에는 빨리 제의를 안 하면 내가 컬럼비아대학으로 갈 것이라며 엄포를 놓았다.

운이 좋게도 다음 날 아침 양쪽에서 모두 전화가 왔다.

결국 나는 4군데에서 온 제의 가운데 컬럼비아대학을 택하고 교수로서의 인생을 시작하였다. 아무래도 나는 경제 현장보다는 학교에 더 마음이 끌렸다. 그리고 지방보다는 세계적 도시가 더 좋아 보였다. 뉴욕연방준비은행이나 IMF로 갔더라면 연봉이 많아 생활이 윤택하였을지도 모르지만 말이다.

조순 선생은 "한국에 있으면 잘살 사람을 미국 가라고 유도해 놓고, 박사학위 받은 뒤에 제대로 안 풀리면 어쩌나 하고 걱정을 많이 했다"며 축하해 주셨다. 컬럼비아대학에 임용되었다는 소식을 들으니 다행스럽다는 생각에 앞서 사실은 내 재능이 탐났다고 농담까지 보태셨다.

# 새로 생긴 사회과학대의 틀을 만드시다

내가 미국 유학을 하는 동안 서울대에는 커다란 변화가 있었다. 1975년 대학 본부와 대부분의 단과대학을 관악으로 옮기는 동시에 대학의 대대적 구조개편을 단행하였다. 상과대학과 관련된 구조개편으로 경영학과와 상학과가 합해서 단과대학으로 경영대학이 되었고, 경제학과와 무역학과는 문리대 사회과학계열 학과들과 함께 단과대학으로 사회과학대학이 되었다.

당시 미국에서 들리는 소문으로는 구 상과대학 교수, 학생, 동문들이 격렬히 개편에 반대했지만 결국 원래의 구조개편안이 통과되어 서울대는 오늘날의 모습으로 되었다(무역학과는 다시 1984년에 국제경제학과로 이름을 바꾸었고, 94년에는 경제학과와 합쳐 경제학부가 되었다).

초대 사회과학대 학장은 조순 선생이셨다. 나중에 총리를 지낸 이홍구 정치학과 교수는 최근 한 심포지엄에서, 거의 모든 교수가 이를 당연한 인사로 받아들였다고 하였다. 당시 형식적으로는 총장이 학장을 임명했으나, 실제로는 대통령이 주요 대학장임명을 좌우했다. 박정희 대통령은 조순 선생의 인품, 학문, 그리고 사회로부터 받는 존경 때문에 그를 임명할 수밖에 없었다고한다. 조순 학장은 새로 생긴 사회과학대학의 기본 틀을 만드는데 온 힘을 기울였다.

나는 조순 선생이 학장으로 계실 때의 업적 중 크게 혁신적인 것중 하나는 서울대에서 처음으로 교수 공개채용제도를 채택한 것이라고 생각한다.

선생은 다른 학장들과 함께 당시 윤천주 총장을 설득하여 서울대 교수 인사제도를 완전히 바꾸어 놓으셨다. 그때까지 서울대는 대부분의 경우 각과에서 그 과의 학부 학생들 중에서 누군가가 대학원에 들어와 과정을 마치면, 그 가운데 우수한 학생을골라 무급조교, 유급조교, 시간강사, 전임강사, 조교수, 부교수, 교수의 순서로 교원으로 길러냈다. 중세의 도제제도를 방불케 하는 이러한 교수양성 방식은 대학을 폐쇄적으로 만들어 발전을 저해한다는 점에서 변화를 필요로 하는 것이었다.

공개채용 후 종전과는 다른 다양한 루트로 많은 우수한 인재를 뽑는 결과를 가져왔다. 서울대가 외부에 상당히 개방된 것이다. 조순 선생이 서울대가 다양성 없이는 창의적으로 되기 힘들다는 믿음을 실천에 옮기신 것이다.

교수 공개채용제도는 당장 1976년부터 시행되었다. 경제학과와 무역학과는 공동으로 경제이론 분야의 교수 공개채용 광고를 내고 18명의 지원서를 받아 그 가운데 3명을 뽑았다. 홍원탁, 이승훈, 그리고 나다.

나는 조순 선생으로부터 공개채용에 응하는 것이 어떻겠냐는 제의를 받았다. 컬럼비아대학에서 강의를 막 시작하던 터라 다소 망설였으나 존경하는 선생의 뜻을 따르기로 결심하고 지원하였다. 그 결과 위의 3명 중에 하나로 뽑혔다. 나중에 들어 보니 경제학과의 다른 교수들도 대부분 교수채용 심사과정에서 내 손을 들어 주셨다고 한다.

학창 시절 칠판을 열심히 지우던 제자와 사제지간의 인연을 맺은 후 졸업한 뒤에도 끊임없이 챙겨 주신 것이다. 그 따스한 선생의 곁으로 하루빨리 돌아오고 싶었다. 하지만, 컬럼비아대학에서의 계약이 예비 정년보장 교수여서 적어도 3년간은 강의하는 것이 예의라고 생각해서 귀국을 미루었다.

그러나 1977년 미국경제학회 참석차 뉴욕에 온 선배 경제학자들이 나 때문에 조순 학장이 힘들어하신다고 귀띔했다. 나는 그 자리에서 그분들에게 다음 해, 즉 78년 컬럼비아대학에서 서머스쿨 강의를 마치고 8월 31일에 귀국하겠다고 약속했다. 그리고 정확히 그 날짜에 귀국했다.

나는 박사학위의 마지막 절차인 논문 발표 및 심사를 끝내기도

프린스턴대학 박사학위 수여식에서
내가 연구조교를 했던 국제경제학의 케넌 교수와 함께 (1978).

전에 컬럼비아대학에서 강의를 시작하였다. 그래서 컬럼비아대학이 있는 뉴욕시와 뉴저지의 프린스턴대학을 오가며 논문도 고치고 강의 준비도 열심히 하는 바쁜 생활 끝에 1977년 말 "은행기업 이론 서설"Toward a Theory of the Price Setting Commercial Banking Firm로 학위를 마쳤다. 그 후 귀국까지 매일매일 바쁜 나날을 보낼 수밖에 없었다.

나는 왜 빨리 오지도 않을 사람을 뽑았냐며 유언, 무언의 비판을 받으셨을 조순 선생께 죄송한 마음으로 1년여 동안 전전긍긍하였다. 그러나 선생은 한 번도 내색하지 않으시고 나의 귀국을 기다려주셨다. 귀국 후 인사드릴 때도 임용유예에 대해서는 한마디도 하지 않으셨다. 그저 연구와 교육을 성실히 하라는 말씀밖에 안 하셨다. 선생은 그런 분이시다.

# 한국 경제정책 방향을 제시하는 연구에 참여하다

오랜만에 돌아온 서울은 푸근하고 넉넉했다. 한국말로 시끄럽게 떠들어도 눈살 찌푸리는 이가 아무도 없으니.

귀국 후 한 학기 강의를 마치고 두 번째 학기인 1979년 봄에 (지금은 없어졌지만) 대통령 직속 경제과학심의회의에서 조순 선생에게 (한국경제) "중장기 개발전략에 관한 연구"를 의뢰하였다. 조순 선생은 이 연구를 매우 중요시하여 연구책임자를 자임한 후 주로 중견 경제·경영학 교수들과 현장 경험이 풍부한 전문가들을 연구원으로 영입하였다.

이 연구에 참여한 인사들은 조순, 홍원탁, 송병락, 정기준, 정운찬, 이규동, 박우희, 배무기, 박재윤, 김세원, 안승철, 박영철, 김완순, 조성환, 김병주, 김덕중, 반성환, 황일청, 나웅배, 박진근, 박성용 등이었다.

나는 당시 다른 사람에 비하여 나이도 적었을 뿐만 아니라 한국경제에 관한 지식도 거의 없었다. 그러나 조순 선생은 내가 이

기회에 한국경제를 공부하라고 이 연구에 참여케 하신 것이다. 그 대신 나는 스스로 간사 역할을 맡고 서울대 대학원 경제학과 학생이었던 김주훈과 오상근에게 연구 지원을 맡겼다.

우리들은 수없이 많은 토론을 거쳐 그해 12월 말에 연구보고서를 제출했다. 각 연구자들이 각자가 맡은 분야에 대해 써서 발표한 글을 가지고, 다른 연구자들과 함께 진지한 토론을 벌였다. 그 토론을 종합하여 조순 선생이 집필한 것이 이 보고서다.

원래 이 연구는 박정희 대통령의 최측근으로 알려졌던 장덕진 경제과학심의회의 의장이 발주한 것이었다. 한국경제가 새로운 도약을 하려면 1960년대나 70년대 경제정책으로는 안 된다고 생각한 그는 박 대통령에게 80년대의 바람직한 경제정책 방향을 제시하려는 목적이 있었다. 박 대통령이 그해 (1979) 10월 26일에 시해당하는 바람에 이 보고서는 세상의 빛을 보지 못했다.

그러나 그 후 정부 부처나 국책연구소에서는 정식으로 발간도 안 된 이 보고서를 구해다가 1980년대는 물론 그 후의 한국 경제정책 방향을 설정하는 데에 참고했다고 알려져 있다.

이 연구보고서는 한마디로 한국경제는 외연적 성장外延的 成長을 뛰어넘어 내연적 성장을 해야 한다는 당위성과, 내연적 성장內延的 成長 단계에 도달하기 위한 조건은 무엇인가에 관한 논의를 담고 있다.

1960년대와 70년대에는 유휴노동력이 풍부하였으므로 외자도입을 통해 생산시설을 건설함으로써 고용을 증대하는 외연적 성장을 이루었다. 이에 반해 내연적 성장은 유휴생산요소의 동원을 통해서가 아니라 노동과 자본의 생산성 향상을 통해 이루어진다. 여기서 내연적 성장은 당시까지 일부 논객 사이에 회자되던 내포적 성장內包的 成長, 즉 국내 시장을 위주로 하던 성장과는 다른 개념이며, 외연적 성장도 외국 시장에 주로 의존하는 외포적 성장外包的 成長과는 다른 개념이다.

나는 그 후 40여 년간 한국경제에 관한 사고를 할 때, 논의를 할 때, 그리고 글을 쓸 때 항상 이 보고서에 적힌 내용을 참고해 왔다. 이 보고서의 특징 가운데 하나는 계량적 분석 대신 일종의 사회심리적 또는 철학적 관점을 바탕으로 삼았다는 점이다.

이 보고서가 다루는 내용은 참으로 범위가 넓다. 몇 가지만 소개한다면 경제성장에 관한 정책, 물가안정을 위한 정책, 산업육성 및 산업구조에 관한 정책, 소득과 부의 분배에 관한 정책, 금융운영 및 금융제도 개선에 관한 정책, 무역 및 국제수지에 관한 정책, 복지증진에 관한 정책, 신경제정책의 윤리 등이다.

내가 보기에 가장 주목할 만한 부분은 한국경제의 체질적 취약성을 개선하는 처방에 관한 것이었다. 구체적으로는 경제하려는 의지, 과학 기술과 지식, 저축과 투자의 효율, 그리고 기업가정신을 강조하였다. 나는 지금도 이 보고서가 고전문학이나 클

래식 음악처럼 확고한 힘과 영향을 갖고 있다고 믿는다.

이 보고서는 21세기 초(2010)에 발간된 〈조순 문집: 이 시대의 희망과 현실〉 제5권 별집別集으로 출판되었다.

# 신문에 글을 쓰기 시작하다

내가 종합일간지에 처음 글을 쓴 것은 1979년 10월 19일이었다. 그해 프린스턴대학의 루이스 교수가 노벨경제학상을 받았다.

당시 서울대 사회과학대 학장이시던 이현재 교수께서 나를 부르셨다. 〈조선일보〉의 최청림 국장의 부탁을 받으셨다며 루이스 교수에 관한 글을 쓰려 하니 메모를 해달라고 하셨다. 나는 가급적 자세히 루이스 교수를 소개하는 글을 써서 선생께 드렸다. 그것을 읽으신 선생은 너무 자세해서 당신의 이름으로 쓰기에는 무리라며 내 이름으로 내자고 하셨다.

언제나 다정다감하시고 후배나 제자 사랑이 대단하신 선생이 새로 부임한 나에게 글 쓸 기회를 열어 주신 것이다. 선생의 배려가 고마웠지만 나는 곧 짧은 메모가 아니라 길게 글을 쓴 것을 후회했다.

'이 글이 이현재 선생 성함으로 나가면 더 좋았었을 텐데.'

그 글을 여기에 그대로 싣는다.

# 내가 만난 루이스 교수
## 경제를 철학 · 심리 면에서 파악

지난 1972년부터 76년까지 4년 동안 프린스턴대학에 재학했던 필자는 이번 슐츠 교수와 함께 노벨경제학상을 공동수상한 아서 루이스 교수의 강의를 들을 기회가 있었다. 당시 세계적 석학인 루이스 교수의 강의를 직접 들을 수 있었던 필자는 이번 그의 수상 소식을 듣고 지극히 당연한 수상자의 선정이라는 느낌을 금할 수 없다. 루이스 교수는 경제성장론, 근대경제사 등을 1주일에 각각 3시간씩 강의했다. 외모가 지극히 평범한 이 흑인 노교수의 강의는 자신에 넘쳐 있었고 주관이 강하다는 인상을 주었다.

아서 루이스 경은 미국에서 활약하는 현존 경제학자 가운데서 가장 폭넓고 깊은 사고를 한다고 알려져 있다. 그가 "개발도상국의 빈곤과 경제개발에 깊은 관심을 갖고 이를 중점적으로 연구, 새로운 세계경제 질서를 위한 이론적 기초를 정립한 공로"로 노벨경제학상을 받게 되자, 평소에 그의 사상과 경제학 방법론을 따르던 많은 경제학도들이 그 수상에 공감하고 있다.

서인도제도에서 태어난 루이스 교수는 런던대학에서 수학한 후 영국 정부, UN특별기금, 가나 정부, 서인도제도 정부 등에서 경제 고문으로 활약했다. 여기서 얻은 해박한 경제 지식과 맨체스터대학, 프린스턴대학 교수로 재직하면서 쌓은 깊은 학문적 연구를 토대로 하여 그는 이론과 실제를 겸비한 학자로 돋보이게 됐다.

경제 문제를 경제의 차원에서만 파악하지 않고 정치 · 철학 · 심리적 측면 등에서 접근하려고 했다는 의미에서 그는 근래에 보기 드문 정치경제학자로 평가되고 있는 것이다.

수십 편의 논문과 10여 권의 저서는 하나같이 현대의 고전으로 아낌받고 있는데 그중에서도 그의 대표작이라 할 〈경제성장이론〉은 루이스 교수 본인도 자부하듯이 존 스튜어트 밀의 〈정치경제학원리〉 이후 경제발전과 성장의 문제를 가장 포괄적으로 다룬 역저로 알려져 있다.

루이스 교수는 경제발전을 기본적으로는 1인당 소득이 상대적으로 낮은 수준에서 상대적으로 높은 수준으로 올라가는 과정으로 이해하였으나, 진정한 발전은 경제변수의 일시적인 양적 성장만을 의미하는 것은 아니고 장기적으로 사회 전체에 변화를 가져다줘야 한다고 강조하고 있다.

경제발전을 하려면 물적 자원과 인적 자원이 필요할 뿐만 아니라 이들을 잘 결합시킬 수 있는 기술과 함께 소위 '경제하려는 의지'가 필요하다는 게 루이스 교수의 주장이다. 그에 따르면 경제하려는 의지란 사람들이 합리적인 생활양식을 설계하며, 주위 환경을 과학적으로 전환시켜서 물질적 풍요를 이룩하려는 의지를 가리키는데, 보다 구체적으로는 각 경제 주체의 부를 추구하려는 의욕, 낡고 비효율적인 생활관습을 개선하려는 적극성, 지식이나 기술을 습득하려는 욕구, 소비를 절약하려는 의지 등을 말한다.

전통적으로 경제학자들은 경제발전 요인으로 어느 일면, 즉 토지(중농주의), 교역과 시장의 확대(스미스), 자본(마르크스), 기업인(마셜), 또는 기업인의 신기축(슘페터)만을 강조하였지만, 루이스 교수는 이들 모두가 다 중요하여 어느 하나에 몰두하다 보면 경제발전이 순조로이 이루어질 수 없다고 주장하고 있다.

루이스 교수가 특히 관심을 가졌던 문제는 과잉인구를 안고 있는 후진 지역의 경제발전 문제. 그는 한마디로 농촌의 과잉인구를 이용하여 공업을 확장하는 것이 발전의 지름길이라고 보았다. 대체로 후진 지역의 경제는 전근대적이고 생존을 겨우 유지해 주는 농업활동과 이에 수반하는 농가의 몇 가지 비농업 활동으로 구성되어 있는데, 이 경제가 외부와 접촉하게 됨에 따라 소규모의 근대적인 비농업 부문이 나타나 전통적인 농업 부문과 큰 접촉 없이 병존하는 이중 경제구조가 생기게 된다는 것이다.

후진국의 경제발전이란 전통적인 농업 부문의 유휴자원이 근대적인 비농업 부문으로 이전되어 활용됨으로써 보다 높은 산출량의 증대와 고용의 확대를 가져와 근대화 부문이 상대적으로 더 커지게 되는 과정을 말하는 것이며, 이러한 과정이 계속되어 근대화 부문이 계속 확대되며 종국에는 이중 경제구조 자체가 소멸되고 경제 전체가 성숙되어 선진경제가 된다는 것이다.

루이스 교수의 관심은 후진 지역의 경제발전에만 국한된 것은 아니다. 그는 근대경제사, 특히 영국 근대경제사의 대가이기도 하다. 그의 역저 〈성장과 경기변동(1870~1913)〉은 바로 이를 뒷받침한다. 뿐만 아니라 그는 국제경제 문제, 특히 남북문제에도 큰 관심을 보였다. 그가 프린스턴대학에서 슘페터를 기념하기 위해

행한 강연을 토대로 쓴 〈신국제경제 질서〉는 남북문제를 역사적으로 교역 조건의 변동을 통해 예리하게 규명함으로써 선후진국 간의 경제문제 파악에 새로운 접근과 시각을 제공했는데, 이것도 그가 노벨경제학상을 받는 데 일조를 했을 것으로 짐작된다.

그는 현대 경제학의 조류, 특히 계량경제 모형에 의한 경제분석에 날카로운 비판을 가하면서, 학자는 범인에게는 아주 상식적으로 보이는 것으로부터도 진리를 도출할 줄 알아야 한다고 역설하고 있다. 아마도 그의 가장 큰 업적은 누구보다도 먼저 일찍이 1950년대에 과잉인구를 안고 있는 후진 경제의 발전 모형을 제시한 데 있다고 본다.

두꺼운 돋보기를 쓰고 뒷짐을 지고는 프린스턴대학 캠퍼스 속의 프로스펙트가를 유유히 걸으며 무표정한 얼굴로 언제나 사색에 잠겨 있을 루이스 교수에게 진심으로 축하를 보내고 싶다.

처음으로 신문에 실린 나의 글에 대한 반응은 엇갈렸다.

그날 경영학과의 박정식 교수는 이른 아침부터 우리 집 문을 두드리고는 자기의 재무관리 강의시간에 학생들에게 경제발전 이론과 함께 경제학자 루이스를 전반적으로 소개해 달라고 부탁했다. 나는 흔쾌히 승낙하고 수십 명의 학생들에게 나의 유학 시절 이야기, 경제발전론으로 박사학위 논문을 쓰고 싶었으나 거절당한 에피소드, 루이스 교수가 1950년대에 쓴 〈경제성장이론〉, 그리고 70년대에 쓴 〈국제경제 질서의 진화 과정〉 등을 소개하였다. 나는 그것을 계기로 박 교수가 타계할 때까지 가까이

지냈다.

박정식 교수는 나의 고교 2년 선배로 고등학교 때 마주친 적은 있으나, 서울대가 관악 캠퍼스로 이전하기 전에 그는 문리대(동숭동) 독문과를 다녔고 나는 상대(홍릉) 경제과를 다녔으므로 그후 만날 기회는 없었다. 단지 그해, 즉 1979년 봄인가에 공인회계사를 뽑기 위한 국가시험에 출제하러 가서 만난 것이 거의 다였었다.

내 첫 칼럼에 부정적 반응도 있었다. 귀국한 지(1978. 8. 31) 얼마나 되었다고 신문에 글을 쓰냐며, 나의 아카데미즘이 의심된다고 비난하는 목소리가 사회과학대학 선배 교수들로부터 나왔다. 그 후 나는 비난받을 글을 뭐 하러 쓰냐고 신문에 글쓰기를 자제했다.

예외가 있다면, 나에게 경제학을 배우고 기자가 된 후배들이 '학문적인' 글을 써달라고 간곡히 부탁할 때는 거절을 못 했다. 솔직히 학문적인 글과 그렇지 않은 글을 구분하기란 쉽지 않다. 정확한 제목은 기억이 나지 않지만 '화폐금융론 시리즈', '거시경제론은 무엇인가' 등 경제학의 기초에 관해서는 계속해서 글을 썼다.

# 책을 쓰기 시작하다

하루는 박 교수가 나에게 거시경제학 책을 쓰라고 권하였다. 나는 망설이면서 교과서보다는 연구논문을 많이 쓰는 것이 바람직하지 않느냐고 물었다. 그의 견해는 달랐다. 좋은 논문을 많이 써서 학문 발전에 직접 기여하는 것도 필요하지만, 지금은 양질의 교과서를 쓰는 게 더 급하다는 것이다.

우리나라는 어느 학문 분야건 아직 기초가 부족하므로 조순 선생의 〈경제학원론〉(1974)에 버금가는 수준의 거시경제학 책을 쓰면 후학들에 커다란 도움이 될 것이라는 취지였다.

나는 그때부터, 다시 말해 1979년 늦가을부터, 3년간의 작업을 거쳐 82년 여름에 〈거시경제론〉을 펴냈다. 조순 선생께는 미리 알려드렸다. 서울대에서 조순 선생으로부터 배운 것(1960년대 후반)과 프린스턴대학에서 블라인더 교수로부터 배운 것(1972)을 참고하고 그 후(1973~80)의 거시경제학의 발전을 소개하며 쓴 것이다.

2022년에 출간된
《거시경제론》 제13판

　나는 먼저 책 전체를 관류하는 사고의 체계(케인즈적 사고)를
세우고 이 체계에 입각하여 거시경제의 세계를 역사적 틀 속에서
서술하려고 노력하였다. 단편적인 지식의 전달보다는 독자들의
사고를 계발하는 데 중점을 두었다.

　이런 유의 책이 별로 없었던 1980년대 초라 그런지 그때부터
90년대 후반까지 책이 잘 팔렸다. 그 후로는 각종 고시에서 경제
학 과목이 필수건 선택이건 줄어들고 또 경쟁적인 책들이 나와 판
매 부수가 줄어들었다. 그러나 아직도 꾸준히 찾는 이가 많은 스
테디셀러다. 올해(2022)는 《거시경제론》이 판을 거듭하여 13판
에 이르고, 또 처음 나온 지 꼭 40년이 되는 해이다.

　조순 선생은 나의 집필 과정을 지켜보며 격려해 주셨고, 발간된
책을 보시고는 잘 썼다며 크게 기뻐하셨다. 나는 총장 일, 총리

〈거시경제론〉제2 저자인 김영식 서울대 경제학부 교수(왼쪽,
김 교수는 나중에 소개하는 조순, 〈경제학원론〉의 제4 저자이기도
하다)와 〈거시경제론〉제3 저자인 이재원 서울대 경제학부 교수.

일로 바빠서 제6판부터는 제2 저자(김영식 교수)를 영입하였고,
금년에는 최근까지 미국에서 활약한 이재원 교수를 제3 저자로
초청하였다(김 교수는 조순 교수가 처음 쓰신 〈경제학원론〉의 제4 저
자이기도 하다).

　서울대 영어영문학과를 졸업한 김영식 교수는 아이오와대학
University of Iowa에서 박사학위를 받고 뉴질랜드의 빅토리아대학
Victoria University of Wellington과 경희대에서 교수를 하다가 서울대로
옮겼다. 김 교수는 2000년대 이후의 거시경제학 동향을 꼼꼼히
반영하여 책을 개정한 결과 학계에서 좋은 반향을 불러 일으켰다.

　이재원 교수는 위스콘신대학University of Wisconsin-Madison을 졸
업하고(경제학과 수학) 프린스턴대학에서 박사학위(경제학)를 받
은 후 럿거스대학Rutgers University, 버지니아대학University of Virginia
에서 교수를 하다가 최근에 서울대로 왔다. 국내외 거시경제학

2018년에 출간된
〈화폐와 금융시장〉 제5판

계를 선도할 이 교수를 공동저자로 맞이하여 지난 1년 반 동안 책의 구성과 내용을 크게 업그레이드한 13판이 독자들의 환영을 받을 것으로 기대한다.

나는 〈거시경제론〉 이후 18년 만인 2000년 8월에 〈화폐와 금융시장〉을 냈다. 그것은 〈경제학원론〉, 〈거시경제론〉과 함께 대학 학부 전공과정 수준의 교과서를 염두에 두고 쓴 것이다. 〈경제학원론〉이나 〈거시경제론〉은 다른 책에 비해 독특한 성격은 가지고 있으나 학부 전공과정의 기본서라는 성격이 짙은 데 비해, 〈화폐와 금융시장〉은 나의 학문적 성향이 강조된 학부 전공과정 응용분야의 입문서이다.

그런 의미에서 〈화폐와 금융시장〉은 조순 선생은 물론 여러 프린스턴대학 은사들의 금융관을 토대로 역사와 제도, 시장과 정책

〈화폐와 금융시장〉의 공저자인
김홍범 경상국립대 명예교수

의 주요 맥락 속에서 나의 금융관을 구체적으로 제시한 성과물이
었다. 학계와 금융시장에서 커다란 환영을 받았다.

　그러나 나는 총장 일과 총리 일 등으로 바빠져 경상국립대의
김홍범 교수를 초청하여 이 책의 개정을 부탁하였다. 김 교수는
초판과 2판의 기본정신과 전통을 이어가면서도 화폐와 금융현상
의 급격한 발전을 따라가며 책을 훨씬 좋게 만들었다. 서울대 경
제학과를 나와 한국은행과 IMF에서 근무한 후 뉴욕주립대학
State University of New York, Albany에서 박사학위를 받은 김 교수는 특
유의 성실함과 치밀함을 힘껏 발휘하였다. 고마울 뿐이다.

나는 지금까지 단독 저서로 10여 권의 단행본과 수십 편의 논문
을 썼다. 이것들은 나를 경제학에 눈뜨게 해 주시고 경제학자로
만들어 주신 조순 선생께 제자로서 드리는 보답이라 할 수 있다.
또한 스승의 도움과 정성이 헛되지 않았고 나 역시 성장하려고
노력했음을 보여 드리는 증거이기도 하다.

# 서울대 교수들, 시국선언을 하다

1979년 10월 26일부터 87년 6월 29일까지 약 10년간 한국 사회는 암울함 그 자체였다. 대통령이 중앙정보부장에게 시해되고 (1979. 10. 26), 이른바 신군부가 국가보위비상대책위원회(국보위)를 통해 정권을 장악한 후(1979. 12. 12), '서울의 봄'을 뭉개려고 광주민주화운동을 초토화시켰다(1980. 5. 18).

1979년 12월 12일부터 80년 5월 17일까지 반짝 피었던 서울의 봄 당시, 나는 선배 교수들이 주도한 시국선언에 서명했다. 전두환 보안사령관을 비롯한 쿠데타 주역들의 정치참여를 반대하는 내용이었다.

시국선언으로 온 학교가 시끌시끌해지고 서명한 교수들은 곤욕을 치렀는데도, 이상하게 나는 끌려가지 않았다. 나중에 알고 보니 "이 친구는 미국에서 돌아온 지 얼마 안 돼서 멋모르고 서명한 것"이라며 변형윤 교수가 내 이름을 지워 주셨기 때문이다.

그러나 신군부의 보복은 가혹했다. 변 선생은 바른말 했다는 이유로 4년간이나 휴직을 당하셨다.

5·18로 알려진 신군부의 만행은 이미 5월 17일 밤 서울에서 시작되었다. 1980년 5월 18일 아침 광주 시민들이 민주화운동의 깃발을 들기 몇 시간 전, 서울대 기숙사로 군홧발 소리를 요란하게 울리며 무장군인들이 들이닥쳤다. 800명이 생활하는 기숙사에 까맣게 몰려온 군인들은 족히 1천 명은 되어 보였다.

그들은 학생들을 닥치는 대로 폭행했다. 젊은 군인들의 구타 앞에 교수들도 예외는 아니었다. 부끄러움과 분노가 치솟았다.

나는 그때 기숙사 가동의 사감이었다. 왜 그랬는지 모르겠지만 군인들이 7명의 사감 가운데 나를 데려가려고 했다. 그때 1년 후배인 통계학과 김우철 교수가 그들에게 불만의 감정을 얼굴에 나타냈다. 군인들은 나 대신 김 교수를 끌고 가 폭행했다. 야만의 시대였다.

나는 서울대 기숙사인 관악사의 사감실에서 그날 저녁부터 그 다음 날 오후까지 17시간 동안 감금당했다. 나뿐만 아니라 다른 사감들과 함께였다.

그날 박정식 교수가 찾아와 술 한잔 하자며 위로했다. 방배동 카페 골목에서 술기운을 빌려 마구 소리 내 울었다.

그로부터 6년 뒤, 뒤에 소개하는 두 교수와 함께 개헌 서명을 논의하던 곳도 그 근처였다. 내 서명 발의에는 5월 17일 그날 밤 서울대 기숙사에서 사랑하는 제자들이 사정없이 구타당하는데도 변변한 항의 한 번 하지 못한 선생으로서의 죄책감과 그에 따른 심리적 부채를 조금이라도 덜어 보려는 마음이 담겨 있었던 셈이다.

1979년 말 국보위를 설치한 신군부는 명망가들을 불러들였다. 신군부는 육사 11기를 정점으로 그 후배들이 주축을 이루었다. 그들은 육사에서 영어를 가르치신 조순 선생을 국보위에 모시고자 했으나 거절당했다. 선생은 어떤 이유에서든지 쿠데타는 용인될 수 없다고 생각하셨다. 그래서 신군부로부터 미움을 많이 샀다.

전두환 대통령이 여러 사람이 모인 여러 자리에서 여러 번 "조순 교관님은 나라를 위해 일할 기회를 드렸으나 거절했다"며 불편한 심기를 드러냈다고 한 이야기는 널리 알려져 있었다.

5·18을 경험하신 후 조순 선생은 경제학, 특히 영미식 근대경제학은 한국 사회를 이해하고 설명하는 데 부족하다는 평소의 생각을 더욱 굳히신 것으로 보였다. 그래서 그것을 극복하려고 소장 경제학 교수들 및 경제학 박사과정 학생들과 경제학 고전을 읽는 스터디 그룹을 만드셨다. 그것을 모체로 하여 조 선생을 중심으로 결성된 경제사상연구회는 경제학 고전뿐만 아니라 경제 현실에 대해서도 폭넓은 독서와 사색과 토론을 하였다. 그리고 서울대 말고도 외부 학자들을 많이 영입하였으며, 〈아담 스

미스 연구〉, 〈하이에크 연구〉 등 많은 연구서를 펴냈다. 우리들은 이 모임에서 고전학파 경제학자들의 저작을 읽으며 식견을 넓혀갔다.

선생은 경제학에서 수리적 방법의 한계를 설명하시면서 스미스A. Smith나 리카도D. Ricardo는 수식이나 그림을 하나도 안 쓰고도 〈국부론〉이나 〈정치경제학 및 과세의 원리〉에서 정교한 이론을 펴고 있지 않느냐고 말씀하셨다. 그리고 경제학의 수리화와 현실설명력 간에 일정한 괴리가 있음을 누누이 강조하셨다. 다시 말해, 수리화를 추구하면 현실설명력이 떨어지고, 현실설명력을 강조하다 보면 수리화 또는 과학화가 더디어진다는 것이다.

한편 1986년 신군부의 폭정이 노골화되고, 민주화 세력이 점점 국민의 호응을 얻게 됨에 따라 대통령을 장충체육관에서 대의원들이 뽑을 게 아니라 국민 각자의 손으로 직접 뽑자는 여론이 형성되면서 직선제 개헌론이 대두하였다.

대학 캠퍼스에서는 교수들의 개헌 서명운동이 벌어졌다. 순서는 기억이 안 나지만 한신대, 고려대와 성균관대에서 선언문이 발표되었고, 네 번째로 서울대에서도 4월 11일까지 48명이 개헌선언문에 서명하였다. 250여 명에게 서명을 권유했으나 20%에도 미치지 못하는 교수들이 서명했으니 당시의 서슬 퍼런 사회 분위기를 읽을 수 있다.

나는 동양사학과의 이성규 교수 그리고 화학과의 김영식 교수와 3월 초순부터 가끔 만나 시국을 개탄하다가 성명이라도 내자고 의기투합하여, 3월 중순에 성명서 초안을 만들어 놓았다. 그러나 대학 다닐 때 학생운동의 리더를 해 본 일도 없고 또 격문을 써 본 일도 없는 우리들로서는 성명서 초안이 어설펐다.

　마침 조순 선생이 나보고 서울대는 아무런 움직임도 없냐며 궁금해 하시기에 우리가 준비한 성명서를 고쳐 주십사고 부탁드렸다. 선생은 우리의 글을 부드럽게 그리고 좀더 품위 있게 전면적으로 고쳐 주셨다.

　결국 최종적으로 발표된 선언문은 다음과 같다.

## 서울대 교수들의 시국선언
### 대학의 위기극복을 위한 우리의 견해

우리 대학은 현재 심각한 위기에 처해 있다. 거기에는 진리의 탐구와 지성의 계발이라는 대학 본연의 사명을 수행하는 데 필요한 최소한의 자율과 자치도 허용되지 않고 있다. 교수와 학생 사이에는 날이 갈수록 장벽이 두터워지고 서로의 불신이 짙어가고 있다. 타율과 억압의 굴레 밑에서 지성인의 집단이 당연히 지녀야 하는 의기와 긍지는 시들고 최고 학부를 상징하는 권위와 존엄은 사라졌다.

절망에서 몸부림치는 학생의 아우성과 그것을 누르기 위한 물리적 힘과의 충돌로 안온해야 할 상아탑에는 날마다 밀고 밀리는 아비규환이 연출되고 있다. 내일의 이 나라를 짊어질 젊은이들의 배움의 전당에서 벌어지는 이 스산한 광경이 나라의 앞날에 어떠한 의미를 지니는가를 생각하면 오직 소름이 끼칠 뿐이다.

오늘날 대학의 이러한 사태는 기본적으로 우리 사회 전체가 지닌 병리가 압축된 형태로 표출된 결과이며, 그 병리의 근원은 사회의 구석구석에 자리 잡고 있는 비민주적인 요소에 있다. 돌이켜 보건대 해방 이후 우리의 역사는 자유민주주의를 지향하는 국민의 여망이 이를 저해하려는 반민주세력에 의하여 무참히 좌절되는 기록으로 점철되어 왔고, 그 과정에서 수많은 국민의 희생과 민주역량의 소모가 계속되어 왔다.

그러나 고난의 세월을 겪는 동안에도 우리 국민의 자유와 민주에 대한 의식은 부단히 성장하여, 오늘에 와서는 민주화에 대한 요구가 전례 없이 고조되고 국민이 원하는 정부를 세우기 위한 평화적인 개헌운동이 각계에서 전개되고 있다. 개헌운동은 단순한 정치활동이 아니라 주권을 가진 국민의 당연한 권리행사라고 보아야 한다. 그것은 민주주의에 대한 민족의 비원의 표현이며, 그 목표와 수단의 타당성은 국민의 기본권에 의하여 보장되어 있는 것이다.

역사의 흐름에 순응하는 이 평화적인 운동을 무장된 물리적인 힘만 가지고 억압하고 봉쇄하려는 무리한 시도가 빚어내는 것이 바로 오늘날 대학 혼란의 본질이다. 만일 오늘의 사태가 계속 극한으로 치닫는다면, 마침내는 국가를 위협하는 불측의 상황이 벌어질 우려가 있다는 것은, 시국의 추이에 대하여 침묵을 지키고 있는 모든 국민들도 다 같이 느끼고 있다.

우리는 그동안 우리가 몸담고 있는 대학의 상황이 이 지경에 이르도록 침묵해 온 책임을 통감한다. 이 이상 우리가 함구한다면 그것은 적게는 대학인으로서의 책임을 외면하고, 크게는 민족의 역사에 대한 지성인의 의무를 저버리는 결과가 되리라 생각한다. 우리는 젊은 세대의 희생을 줄이고 불행한 유산을 후세에 남기지 않도록 우리 스스로가 십자가의 일단이나마 져야 한다는 책임감에서 다음과 같은 견해를 밝히고자 한다.

1. 대학의 본연의 기능을 회복하기 위하여 대학의 자율과 자치는 최대한으로 보장되어야 하며, 이를 침해하는 또는 억압하는 통제는 철회되어야 한다.

2. 학생들의 이상주의적인 개혁 요구는 학생의 본분과 자유민주주의의 체제를 벗어나지 않는 범위 내에서 지성적이고 비폭력적인 수단으로 표현되어야 한다.

3. 학생은 교내외를 막론하고 돌이나 화염병 등을 사용하지 말 것이며, 미국에 관련된 과격한 구호와 성토를 삼가야 한다.

4. 당국은 대학 내에서의 평화로운 학생 집회를 해산시키기 위하여 병력을 학원에 진입시키지 말 것이며, 학원 내에서의 최루탄 발사를 삼가야 한다.

5. 나라의 주권자로서의 국민이 개헌에 관한 의사표시를 한다는 것은 자유국민으로서 가장 기본적인 권리를 행사하는 것이며, 언제 어디에서나 이 기본적인 권리는 침해받을 수 없다. 국민이 납득할 수 있는 민주화의 절차가 하루속히 국민에게 제시되어야 한다.

6. 우리는 국민 모두가 이성을 잃지 말고 우리 사회에 만연하고 있는 흑백논리를 불식하며 사리를 떠난 대승적인 견지에서 중용·대동의 길을 찾을 것을 호소한다.

1986년 4월 11일

서울대 교수 권태억, 금장태, 김남두, 김영무, 노태돈, 박한제
서대석, 심재룡, 이동렬, 이성규, 이성원, 이인영, 이태수, 정옥자
최갑수, 황경식(이상 인문대), 김광억, 김상균, 민경환, 박명진
양동휴, 이준구, 이지순, 임현진, 전경수, 정운찬, 최 명
(이상 사회대), 김 구, 김두철, 김영식, 윤순창, 이준규, 임정빈
주광렬(이상 자연대), 김영진, 박정식(이상 경영대), 강석호, 권욱현
윤인섭, 이은철, 정기형, 최창균, 홍상덕, 신효철(이상 공대)
김길중, 소광섭, 정연풍(이상 사범대), 정홍익(행정대학원)

# 위기의 제자에게 김종인 박사를 소개한 조순 선생

나는 이 일이 있은 후 조순 선생, 선배 교수인 이성규 교수 그리고 김영식 교수를 만나 시국에 대해 또 학문에 대해 허심탄회한 대화를 많이 나누었다. 나는 조순 선생 같은 스승을 두었다는 게 자랑스러웠다. 두 교수도 나를 부러워했다.

우리 세 사람은 1986년 4월 11일 금요일 오전 서울 플라자호텔에서 성명서를 공개하였다. 그곳에서는 미리 연락을 받은 〈조선일보〉의 류근일 논설위원 등 원로 언론인이 우리를 격려해 주었다. 우리들은 성명을 발표한 후 곧바로 학교로 돌아와 총장실을 찾아 박봉식 총장에게 우리들의 행동을 보고하였다. 박 총장은 어디서 어떻게 구했는지 이미 서명 교수의 명단을 확보하고 있었고, 우리들 세 사람 이름에는 빨간 동그라미가 그어져 있었다. 총장의 심기는 불편해 보였으나 화를 크게 내지는 않았다.

나는 오후 3시에 아무런 내색을 하지 않은 채 5동 강의실에서 인문대 학생들에게 경제학개론 강의를 했다. 그것이 나의 마지막 대학 강의일지도 모른다고 생각했다.

총장은 우리 행동에 대해 유감의 성명을 냈고 모든 교수들에게 전달되었다. 또한 노발대발한 전두환 대통령은 서명 교수 모두를 파면시켜라, 아니면 세 사람이라도 자르라고 명령한 것으로 알려졌다. 이미 각오하고 있었지만 만감이 교차했다. 교수직을 잃으면 어떻게 생계를 꾸려갈지도 막막했다. 시국선언 교수를 어느 대학인들 받아 줄까 걱정되기도 했다.

그 후 사람들과의 만남을 자제하면서 보름쯤 지났을 때 조순 선생이 부르시더니 민정당의 김종인 의원을 아냐고 묻기에 그분이 재직하던 서강대에 김병주 교수를 만나러 갔다가 한 번 인사를 아주 짧게 한 것밖에 없다고 했다.

조 선생은 김 의원이 나를 만나자고 한다면서 인사동의 한 음식점에 나를 데리고 가셨다. 김종인 박사는 나를 보자마자 대학교수, 그것도 국립대학 교수가 어려운 일을 했다면서 다른 걱정 말고 강의와 연구나 열심히 하라고 했다. 그리고는 아무 말도 없었다. 나는 더 이상 물을 것도 없고 또 묻는 것도 적절치 않다고 생각했다.

나중에 소문을 들으니 김 박사는 당시 전 대통령에게 우리 세 교수 또는 서명 교수를 모두 파면시키면 서울대는 물론 전국의 캠퍼스가 벌집 쑤신 듯이 대혼란에 빠질 거라며 성명을 없던 일로 하라고 제안했다고 한다. 또 한 분의 은인을 만난 셈이다.

시국선언 전에 나는 그해 가을 영국 LSE<sub>London School of Econo-</sub>
<sub>mics and Political Science</sub>에 방문교수로 가기로 되어 있었다. 영국 외
무성과 몇 개의 영국 상업은행이 공동으로 나를 초청했다. 그러
나 봄부터 서울대가 이를 방해했다.

시국선언 때문인 것이 분명했다. 그리고 정부의 눈치를 본 것
이 틀림없었다. 참으로 기가 막힌 일이었다. 주한 영국대사관도
이를 이해할 수 없다는 입장이었다. 결국 정부는 나를 놓아 주었
다. 그래서 나는 1986년 9월부터 1년간 런던에서 연구생활을 할
수 있었다.

다음 해에도 국내에서는 계속해서 개헌서명운동과 민주화운동
이 전개되었고, 드디어 1987년 6월 29일에는 제6공화국의 기틀
이 된 6·29 민주화선언이 있었다.

영국에서 돌아온 나는 김종인 박사와 교분을 두텁게 나누었
다. 적어도 2007년 대선 정국에서 김종인 박사의 출마 권유를 내
가 받아들이지 않을 때까지 그랬다. 21년 동안 우리는 자주 만났
고, 나는 김 박사로부터 사회 현실에 대해 그리고 한국 정치에 대
해 많은 것을 배웠다. 나는 그분에게 많은 사람을 소개해 주었고
또 소개받기도 하였다. 따지고 보면 이 모든 것이 조순 선생 덕분
이었다.

김종인 박사는 대학 교수로 오래 있지 않았다. 그러나 그는 대
학을, 그리고 학자를 좋아하고 챙겼다. 특히 조순 선생을 존경

하고 흠모했다. 조순 선생 같은 분이 나라를 위해 일해야 한다고 생각했다.

김 박사는 조순 선생이 부총리를 그만두실 때 대한유화의 이정호 회장에게 부탁하여 서울 서초동에 비서가 딸린 사무실을 마련해 드렸다. 그 사무실은 조순 선생이 '소천서사'少泉書舍라 부르시고 현판도 다셨다. 조 선생이 한국은행 총재로 다시 공직에 나가시면서 그 사무실은 폐쇄되었다.

그러나 한국은행 총재를 그만두시자 김 박사는 이 회장에게 말하여 서울교대 부근에 '소천서사'를 다시 열었다. 이 사무실은 서울시장 출마하실 때까지 쓰셨다. 나는 그때 조순 선생에 대한 김종인 박사의 흠모에 감탄하였다. 김 박사는 참된 지식인은 사회가 지켜야 한다고 여러 번 말씀하셨다.

# 신문에 글을 쓰는 것도 학자의 사회봉사다

처음 신문에 글을 썼던 1979년 가을 이후 나는 언론과 담을 쌓지는 않았다 할지라도 신문에 글 쓰는 것을 삼갔다. 신문에 나온 글들을 보면 다 그런 것은 아니었지만, 어떤 건 너무 친정부적이고 또 어떤 것은 너무 정부 비판적인 것이었다. 뿐만 아니라 내용도 조잡한 것이 많았다. 그래서 나는 어느새 신문에 쓰는 글이 잡문으로 보였고, 또 그런 잡문이나 쓰는 사람은 제대로 된 연구자의 모습으로 비치지 않았다.

그러나 나를 정식으로 매스컴에 등장시킨 분들이 계셨다. 조순 선생과 나중에 주일 대사를 지낸 고려대 정경대학 최상룡 교수였다. 1987년, 개헌서명 파동 이후 영국에서 연구하다 돌아온 나의 편견을 깨뜨리신 분들이다. 귀국 인사차 만나 뵌 두 분은 언론에 글을 쓰는 것은 사회봉사라고 말씀하셨다.

특히 조 선생은 나에게 물으셨다.

"자네는 무엇 때문에 공부를 했나?"

부총리 조순 선생과의 관악산 등산 (1989).
선생은 바쁘신 가운데서도 제자나 후배들과 만나 가르침을 주셨다.
왼쪽부터 나, 조순 선생, 곽승영 교수(미국 하워드대학Howard University).


진의를 몰라 머뭇거리자 선생은 확신에 차서 말씀하셨다.

"남들이 하기 어려운 공부를 했으면, 그만큼 사회로부터 혜택을 입은 것이 아닌가? 그러면 마땅히 그에 맞는 봉사를 해야 하네. 사회가 잘못 돌아가고 있다고 생각하면 비판도 하고, 정책에 대해서도 시시비비를 가려서 대안을 제시하게. 사회를 일깨워 주고 시민들을 좀 공부시키란 뜻이네."

조순 선생은 평소에도 가끔 "사람이 쓰는 글에 '잡문'이라는 것은 있을 수 없다. 옛날의 문집에는 '잡저'雜著 부분이 오히려 가장 중요한 부분이었다"고 말씀하셨다. 이번에도 조순 선생은 내 곁에서 나의 진로를 보여 주셨다.

글과 말은 곧 사람이다. 나는 지난 40여 년간 글을 통해 세상에 나를 나 그대로 알리려고 노력해 왔다.

내 글의 모티브는 '건전한 비판정신'이었다. 나는 언제든 실용적이고 합리적인 대안을 결론으로 제시하려고 모든 문장에 무진 정열을 쏟았고, 글 한 편 한 편에 온갖 정성을 기울였다. 글재주가 없어서 더욱 그랬다.

한 예를 들어 보자. 어느 주일 목요일에 내 글을 실을 예정이라고 하자. 나는 그 전 주 토요일에 난필로 200자 원고지 9매 또는 10매 분량의 글을 썼다. 일요일에는 그것을 내 아내나 아직 어린 내 아이들에게 보여 주고 이해하냐고 묻는다.

이해한다면 좋고 그렇지 못하다면 다시 써서 그들이 이해할 때까지 고쳤다. 그리고는 월요일에 학교에 가서 아무나 경제학과 사무실 부근에 있던 학생에게 그 글에서 틀린 데, 또는 고칠 데를 지적하라고 했다. 또 화요일에는 아무나 대학원생보고 고쳐 달라고 했다. 그들은 내가 교수라 어려워했던지 많이 고쳐 주지는 않지만 한두 군데만 지적해 주어도 큰 도움이 되었다. 그리고 수요일 아침에 정서를 해서 오후에 신문사에 보냈다.

이렇게 하다 보니 자신이 생겼고 보수건 진보건 여러 신문사에서 내 글을 청탁하였다. 〈한겨레〉, 〈경향신문〉, 〈한국일보〉, 〈조선일보〉, 〈중앙일보〉, 〈동아일보〉, 〈매일경제〉 등에 많은 글을 실었다. 그 통에 지식인 사회에 내 이름이 많이 알려졌다. 나는 소신껏 썼다.

그랬더니 하루는 어떤 신문이 내 칼럼 밑에 '이 글은 본지의 편집 방향과 일치하지 않을 수도 있다'는 추신追伸을 싣기도 했다. 아마 이것은 우리나라 언론 사상 최초의 사건인지도 모른다. 그 후 객원논객의 칼럼에는 이런 추신이 크게 부자연스럽지 않았다.

이런 일도 있었다. 내가 세상일에 본격적으로 이래라저래라 하고 주문하기 시작한 것은 김영삼 정부 초기인 1993년 봄이었다. 그해 2월 〈한국일보〉 기자들이 우리 집을 찾아왔다. 내 기억이 맞다면 이백만, 홍선근, 이백규, 유석기 기자 등이었다.

그들은 새 정부의 경제정책을 중심으로 과감하게 시평을 써 달라고 했다. 내가 머뭇거리자 그들은 내 허락을 못 받으면 경제부장(고故 박무 기자)이 자기들을 신문사에서 쫓아낼 것이라며 승낙해 달라고 간청했다. 그 말을 곧이곧대로 믿을 나는 아니었다. 그러나 그 말에는 간절함이 서려 있었다. 그래서 그 후 1년 9개월간 3주일에 한 번씩 정성 들여 칼럼을 썼다.

그러다 다음 해 11월에 사고가 났다. 김영삼 대통령이 싱가포르 방문 후 귀국길 비행기에서 '세계화'를 선언하였다. 세계화를 싫어할 사람이 어디 있겠는가. 그러나 나는 한국경제가 세계화를 부르짖기에는 역부족이라고 생각했다. 그래서 세계화의 개념조차 불분명하다며, 세계화는 국제화를 강하게 드라이브하는 것이냐고 비판하였다.

가판이 나갔다. 당시에는 조간을 발행하는 신문사가 전날 오후에 가판을 발행하였다. 그 기사를 본 청와대 정무수석이 〈한국일보〉 편집국장에게 전화를 걸어 그다음 날 신문에 그 칼럼을 내보낼 것인지, 아니면 〈한국일보〉를 살리고 싶은지 선택하라고 협박조로 말했다고 한다.

다음 날 이른 아침 나는 그 사정을 전혀 모른 채 신문을 이리저리 살폈으나 내 글은 없었다. 오전 8시쯤 됐을까 편집국장이 나에게 전화를 걸어 미안하다며 자초지종은 나중에 설명하겠다고 하였다.

당시 〈한국일보〉의 칼럼 담당자는 나에게 "선생님의 옥고를 싣지 못한 것을 정말 죄송스럽게 생각합니다. 힘드시고 불편하시더라도 〈한국일보〉에 글 쓰시는 일을 계속해 주시면 대단히 감사하겠습니다"라는 메모를 보내왔다. 그러나 나는 이 사건 이후 오늘까지 〈한국일보〉에 내 이름으로 칼럼을 쓰지 않았다. 이런 무언의 항의가 무슨 소용이 있겠냐마는 나는 그렇게라도 내 태도를 확실히 보이고 싶었다.

나는 열심히 쓴 칼럼들을 모아 책을 만들었다. IMF로부터 구제금융을 받기 바로 전에 〈한국경제 죽어야 산다〉(1997)를 냈고, 1년 후에는 〈한국경제 아직도 멀었다〉(1999)를 펴냈다. 서울대 총장을 그만둔 후에는 〈한국경제 아직 늦지 않았다〉(2007)를 발간했다. 〈한국경제 아직 늦지 않았다〉는 1999년 이후에 썼

던 칼럼들과, "2007 한국경제의 전망과 과제" 그리고 IMF 구제
금융 직후 쓴 "IMF와 한국경제" 두 편의 논문을 합한 책이다.

고맙게도 연세대의 김호기 교수는 2020년 이 책을 근거로 나
를 현대지성 60인의 한 사람으로 뽑아 주었다. 과분하나 고마운
일이다. 그는 〈현대 한국 지성의 모험: 100년의 기억, 100년의
미래〉의 한 장﹡ "〈한국경제 아직 늦지 않았다〉와 한국경제의 미
래"를 할애하여 나의 경제 철학을 호의적으로 다루었다.

특히 내가 지난 10년 이상 '전도'해 온 동반성장을 부각시켜 주
었다. '동반성장'에 대해서는 경제계나 학계에서 오해와 편견이
많았는데, 김호기 교수가 제대로 인정해 준 것 같아 더 뿌듯했다.

서울대 총장이 된 후 4년간 그리고 총리 때에는 신문에 기고하
는 것을 삼갔다. 내 의견이 자칫 서울대 또는 정부의 공식 견해
로 잘못 알려질까 봐 두려웠기 때문이었다. 그러나 총장과 총리
를 그만둔 후에는 다시 활발하게 글을 썼다.

'잡문'을 쓰는 것이야말로 경제학을 공부한 사람으로서 사회를
위해 꼭 해야 할 의무라는 조순 선생의 가르침이 없었다면 나는
세상과 등지며 세상에 관한 글을 하나도 안 썼을지도 모른다. 그
리고 나의 나다움을 세상에 알릴 기회가 없었을지도 모른다.

# 중국과의 인연이 시작되다

1989년 이른 봄 어느 날, 당시 부총리 겸 경제기획원 장관이었던 조순 선생께서 전화로 나에게 중국에 다녀오지 않겠냐고 물으셨다. 원래 아무에게도 명령이나 강권을 하지 않는 분이시라 비록 형식적으로는 내 의사를 물으신 것이지만 가급적 다녀오라는 권유의 말씀으로 들렸다.

구체적으로는 중국 국무원에서 '중국의 인플레이션'이란 주제로 세미나가 열리고, 우리나라에서는 1970년대의 경제관료 두 사람, 언론인 한 사람, 그리고 동훈童勳 선생이 가는데, 그들과 같이 갔다 오면 어떻겠냐는 말씀이셨다.

불감청이나 고소원不敢請固所願이라는 말이 있지 않은가. 거절할 수 없는 상황이었다. 아니 꼭 가고 싶었다. 미수교 국가이자 공산국가라 호기심이 안 생길 수 없었다. 또한 우리나라와는 다방면에서 수천 년간 서로 영향을 주고받은 나라라 더욱 가보고 싶었다.

며칠 후 동훈 선생으로부터 전화가 왔다. 그분은 그때까지는 이름은 들었지만 면식은 없었다. 동 선생 말씀은 자기가 조순 부총리에게 중국의 인플레이션에 관한 세미나에 갈 학자를 한 사람 추천해 달라고 하자 조 선생이 나를 지목했다는 것이다.

동훈 선생은 박정희 대통령 때 청와대 사정비서관을 거쳐 1970년대 후반(1975~79)에 통일원 차관을 지냈다. 청와대에 있을 때에는 박정희 대통령의 특명을 받고 서울대 종합화에 큰 역할을 했다. 서울의 여러 곳에 흩어져 있던 서울대 캠퍼스를 1975년 관악으로 이전하는 일에 숨은 역할을 한 것이다. 그러나 80년대 초 신군부가 들어선 후 쫓기다시피 일본으로 건너가 도쿄대학 객원연구원으로 활동했다.

그는 1984년 8월 18일부터 9월 7일까지 21일간 학술연구 목적으로 중국을 방문했다. 일본 〈아사히신문〉에 따르면, 그것은 한국인이 개인 자격으로 중국을 방문한 최초의 사례였다. 또한 그것은 그가 같은 해 1월 26일 〈아사히신문〉에 한국과 중국 간에 민간교류가 많이 이루어져야 한다는 글을 실은 게 계기가 되었다고 알려졌다. 동 선생은 나와 함께 베이징에 갈 사람은 이헌재(한국신용평가 사장), 이한구(대우경제연구소 소장), 이채주(〈동아일보〉 주필) 씨 등이라고 귀띔했다.

우리들은 4월 10일, 당시 한중 국교가 수립되기 전이라 홍콩에 가서 비자를 받고 어렵게 중국에 들어갔다. 홍콩에서 베이징으로 가는 비행기는 초라하고 위험해 보이기까지 했다. 어릴 때 가끔 개문발차開門發車의 버스를 타던 기억이 떠오를 정도였다. 베이징에 도착하자 중국 관리들이 우리들을 1950년대에 구소련에서 파견된 기술자들이 묵었다는 숙소로 안내했다. 짐을 풀고 두세 시간 쉬고 있는데 갑자기 짐을 싸라는 전갈이 왔다.

평양 사람들이 중국 정부가 베이징에서 한국인들과 세미나를 한다는 것을 눈치채고는 반대 의사를 알려왔다는 것이다. 나는 북한의 용렬함에 실망했다. 그러나 동맹 간에 신의를 지키고자 하는 중국은 최소한의 의리는 있어 보였다.

세미나 장소는 베이징에서 산둥성의 옌타이烟台로 바뀌었다. 옌타이는 그곳에서 닭들이 새벽을 알리는 울음소리를 내면 인천 사람들이 그 소리를 들을 수 있다고 할 정도로 한국과는 가까운 도시다. 우리들은 베이징 역에서 옌타이로 향했다. 오후 5시경이었다. 밤새 장장 17시간을 기차로 달려 옌타이에 도착했다. 하루를 쉬고는 다음 날부터 꼬박 3일간 세미나를 했다.

세미나에서는 한국의 개발연대인 1970년대에 경제개발계획에 깊이 관여했던 이헌재 사장과 이한구 소장, 그리고 언론에서 맹활약했던 이채주 주필이 풍부한 경험을 토대로 경제성장 과정에서 발생한 인플레이션에 대해 활발한 토론을 벌였다.

특히 한국이 1960, 70년대에 심각한 인플레이션에 어떻게 대처했는지를 상세하게 알려 주었다. 중국이 78년의 개혁·개방 후 처음 맞닥뜨린 심각한 경제 문제인 인플레이션을 어떻게 수습

한중 수교 전 세미나 참석차 중국 산둥성 옌타이 호텔 앞에서 (1989).
왼쪽 두 번째부터 동훈 선생, 이헌재 사장, 통역 이용식 씨, 이채주 주필, 나.


할 것인지에 대한 진지한 논의가 뒤따랐음은 물론이다.

　1970년대를 주로 미국에서 보낸 나는 현장 경험이 부족한 탓에 주로 이론적 측면에서 인플레이션에 관한 나의 견해를 피력했다. 특히 중국에서 인플레이션inflation을 '통화팽창'이라고 번역하는 것은 인플레이션은 언제 어디서나 통화적 현상이라는 통화주의의 영향 때문으로 보이나 인플레이션은 비통화적 원인도 많다고 말했다.

　중국 측에서는 유명한 우징렌吳敬連, 루싱젠呂行健, 장위안쥐張元卓, 왕멍쿠이王夢奎 등의 학자들이 각자 자기들의 경험과 견해를 피력했다. 중국 학자들을 대표한 우징렌 선생은 자기도 미국에서 공부했다며 나에게 우호적이었고, 중국 참석자들 모두를 인솔하다시피 한, 검찰총장의 며느리라는 청링주程令珠 여사는 여장부적 언행이 인상적이었다.

세미나를 끝낸 후 우리들은 옌타이 인근의 웨이하이威海로 가서 그곳 상공회의소를 방문했으며 젊은 지도자들과 함께 한국과 중국이 더 가까워졌으면 좋겠다는 데 의견을 같이했다.

다시 베이징으로 돌아올 때도 17시간 동안 기차를 탔다. 베이징에서는 만리장성 관광을 하고 저녁에는 북경반점北京飯店에서 중국 최고의 경제학자로 불리는 마훙馬洪 선생으로부터 융숭한 대접을 받았다. 돌아올 때는 홍콩을 안 거치고 각자 도쿄 경유로 귀국했다.

몸은 힘들었지만, 참으로 의미 있는 중국 방문이었다. 나는 수교 전에 중국을 방문한 몇 안 되는 한국인이었을지도 모른다. 이것을 계기로 나는 1990년대에 베이징에서 열린 남북학자 회담이나 옌볜대학 방문 등이 낯설지 않은 중국행이 되었다. 결국 이런저런 기회에 중국을 방문하여 벌써 적어도 20여 번은 갔다 왔다.

서울대 총장 시절(2002~06)에 서울대에 중국연구소를 설립한 것도 이 방문에서 그 필요성을 느꼈기 때문이다. 이 세미나에 참석할 수 있도록 동훈 선생에게 나를 추천한 조순 선생이 나에게 넓은 세상을 열어주신 셈이다.

이 방문을 얼마나 중히 여겼는지 동훈 선생은 중국 방문 20주년인 2009년에 다음과 같은 미발표 비망록을 만들어 나에게 주었다. 받은 그대로 여기에 싣는다.

### 정운찬 교수와 중국과 …

한국과 중국 사이의 국교가 정상화되기 전인 1989년 매우 의미 있는 '경제회의'가 열렸다. 이 회의는 일본 도쿄와 베이징에서 은밀하게 1년 이상 준비되었다. 당시 중국 '국무원 경제개발연구중심'의 총간사이던 마홍馬洪과 당시 도쿄대학 객원연구원이었던 동훈童勛과의 사이에 흥미 있는 약속이 이루어졌다(순수 민간교류의 입장).

중국이 시장경제로 이행하다 보니 많은 난점(물가, 부정부패 등)에 직면하자 한국에서의 성공적 경제발전의 '경험과 지식'을 전수, 학습하고 싶다고 요망했고, 동훈은 그런 기회를 마련하기로 했다. 그래서 양국 전문가들 사이에 '경제연토회'經濟硏討會라는 '라운드테이블'이 합숙合宿으로 진행되었다(1989. 4. 10~14).

중국 측은 첫 논제를 중국에서의 '인플레이션'으로 삼고 싶다는 것과, 이 부면에 해박한 경제학자가 꼭 참석하기를 희망하였다. 이 취지를 당시 경제부총리였던 조순趙淳과 의논한 결과 가장 적임자가 서울대의 정운찬 교수라고 추천하였다. 그리고 다음의 인사들이 회의에 참석키로 했다(당시는 홍콩 경유 입국하던 때).

정운찬鄭雲燦(후에 서울대 총장)
이헌재李憲宰(후에 경제부총리)
이한구李漢九(후에 국회의원, 한나라당 정책의장)

이채주 李琛住 (후에 〈동아일보〉 주필)

동훈 童勳 (남북평화통일연구소 소장)

지원: ㈜ 남방개발 南方開發 이병호 李丙豪 사장

　'경제연토회'는 수일간 계속되었고, 중국 측은 '한국의 경험'을 심도 있게 전수받을 수 있었다. 한국 측은 '중국경제의 실체'를 다각도에서 '공부'할 수 있었다. 경제발전 도상에 뒤따르는 '사정' 司正 문제도 논의되었다. 양측은 성과에 크게 만족했고, 마홍은 매년 번갈아 연토회를 열자고 했고, 이는 국교가 될 때까지 수차례 계속되었다. 소요되는 경비지원 업무는 대우경제연구소가 도맡았다.

　양측은 이 같은 교류모임을 '동방경제연토회' 東方經濟硏討會 라고 이름 짓기로 했다. 다음 해에는 한국 인천에서 '과학 기술'을 주제로 삼았고 그때마다 해당 분야의 전문가가 참석했다. 중국 측의 마홍, 우징리안 吳敬蓮 은 중국 개방경제의 선도자들이다. 후에 조순 씨와 친교가 깊었다. 그들은 '북한'을 의식해서 모든 것은 '대외비'로 하자고 했다. 합의서를 서명 교환했다.

　회동에 앞서 〈동아일보〉 사장이 보내는 기념품 선물이 전달되었고, 남북평화통일연구소는 '한반도 관련서적' 700권을 기증했다.

## 중국 옌볜대학과 교류

"정운찬 교수는 서울대 총장 재임 시에 중국 옌볜대학의 개교 50주년 기념식에 초청되어 매우 의미심장한 축하연설을 했다"고 옌볜대학 총장은 회고했다. 그리고 당시 논란이 일기 시작한 '고구려

시진핑 당시 중국 부주석 회담 (2009. 12. 17).

역사, 東北工程'에 관하여 역사학자들과 진지하게 학술토론을 했다. 서울대에는 옌벤대학 유학생이 많다.

정 교수는 계속 관심을 기울여 중국 역사학자들과 서울대의 역사학자들을 총장실에 초치하여 장시간 토론을 진행하기도 했다. 그의 재임 시에 서울대 내에 '중국연구소' 그리고 '통일연구소'를 설립했고 재정기반도 확충시켰다.

지금 중국의 세계적 위상을 생각하면 33년 전 중국행은 내게 얼마나 소중한 경험이자 자산인지 모른다.

나는 2009년 12월 17일 총리 회의실에서 당시 부주석이던 시진핑 주석 및 각료들과 함께 한중 간 현안을 토의하였다. 특히 삼성과 LG가 중국에 진출할 때 정책적 배려를 해달라고 하였다.

그리고 저녁에는 총리공관에서 환영 만찬을 하였다. 많은 이야기가 오갔다. 나는 시 주석에게 앞으로 중국이 곧 일본을 앞질러 미국과 함께 G2를 형성할 것을 축하한다고 하였다. 내 말이 떨어지기가 무섭게 그는 이미 중국이 일본을 앞서 있다며 흐뭇해하였다. 인간적으로 느껴졌다.

# 선생도 모르는 조순학파

조순 선생은 겸손하게도 '조순학파'의 실체는 없다고 하시지만, 선생을 존경하고 따르는 경제학자는 아마 사단 병력은 될 것이다. 조 선생은 한국 경제학계의 거두로서 한국 경제학의 초석을 놓으셨다.

책도 많이 내고 논문도 칼럼도 많이 쓰셨지만, 선생의 대표작은 누가 뭐래도 1974년에 쓰신 〈경제학원론〉이다. 1990년 이후 제5판부터 새로운 저자(정운찬·전성인·김영식)를 영입하며 여러 번 개정을 거쳐 벌써 11판이 나왔다. 1948년에 처음 나와 경제학 입문서 가운데 세계적으로 가장 널리 알려진 새뮤얼슨의 〈경제학〉이 2009년까지 19판을 기록하였고, 공저자 노드하우스 W. Nordhaus가 있는 것과 닮았다.

첫 발간 당시에는 경제학도는 물론이려니와 다른 인문사회과학도, 심지어 자연과학도와 공학도들의 필독서였다. 근대경제학을 '제대로' 공부한 분이 '제대로' 쓴 이 책의 장점은 일관된 논

〈경제학원론〉 개정 작업 당시 조순 선생(가운데)과 나(왼쪽) 그리고 전성인 교수.

리, 충분한 깊이, 현실 적합성 그리고 최근의 학계 동향 반영 등이라고들 한다.

이 책에서 배울 수 있는 또 하나의 장점은 겸손함이다. 초기판에 보면 "경제학자는 의사가 몸에 대해 완벽하게는 모르듯이 경제 현실에 대해 잘 모른다"는 표현이 있다. 얼마나 겸손한 말씀인가.

사실 내가 대학 다닐 때인 1960년대 후반만 해도 우리나라에는 선뜻 추천할 만한 우리말 경제학 입문서가 별로 없었다. 그래서 할 수 없이 선배들의 소개를 받고 영어로 된 힉스J. R. Hicks의 〈경제학입문〉*The Social Framework: An Introduction to Economics*과 새뮤얼슨의 〈경제학〉으로 경제학 공부를 시작하였다. 나는 두 권의 책에서 많은 것을 배웠다. 그러나 외국어로 쓰인 책으로 경제학의 기초를 다진다는 것은 여간 어려운 일이 아니었다. 나만 아니라 많은 사람이 그랬을 것이다. 그래서 〈경제학원론〉은 한국에서의 경제학 발전과 경제학의 대중화에 획기적으로 공헌했다.

그러나 〈경제학원론〉은 평이한 서술과 엄밀한 논리 전개의 조화를 이루려고 노력하는 과정에서 초학자에게는 다소 어려워 보이는 부분이 더러 나타났고, 또 책의 분량 제한으로 중요하다고 생각되나 다루지 못한 내용도 있으며, 설명이 미진하다는 느낌을 주는 곳도 발견되었다.

이 같은 아쉬움을 공유하는 초학자들을 위해 1986년 여름 〈조순 '경제학원론'에 따른 경제학 스터디 가이드〉를 펴냈다. 한마디로 말하자면 초학자들이 〈경제학원론〉을 더 쉽게 그리고 더 알차게 소화하는 데 도움을 줄 목적으로 썼다. 어떻게 보면 〈경제학원론〉을 더 대중화하려는 욕심에서 쓴 것이기도 하다.

이 책의 구상을 처음 들으시고 조순 선생은 흔쾌히 허락해 주셨다. 선생의 격려에 기뻤지만 〈경제학원론〉에서 의도하신 것이 이 책으로 인해 오도되는 것이 있을까 봐 두렵기도 하였다.

그 후 2년여가 지난 1988년 12월 조순 선생은 노태우 정부에서 부총리 겸 경제기획원 장관이 되셨다. 하루는 나를 부르시더니 〈경제학원론〉을 개정하고 싶으나 시간이 없다며 도와달라고 하셨다.

1990년에 출간된
〈경제학원론〉제4 전정판 (제5판)

나는 〈경제학원론〉에 〈스터디 가이드〉의 내용을 보탰고, 경제학의 새 흐름을 참고하여 책을 환골탈태換骨奪胎하려고 노력했다.

나 자신이 심혈을 기울이고 대학원생들의 도움을 받아 1990년 초 제4 전정판(제5판)의 마지막 교정본을 갖다 드렸더니 조 선생은 책이 너무 많이 수정되어 당신의 단독 저서로 낼 수는 없다며 나를 공동저자로 영입하셨다. 정말로 영광스러우면서도 혹시 선생에게 누를 끼치지는 않았을까 걱정도 하였다.

1990년대 중반 이후 나는 사회과학대학 교무담당 학장보로 일하느라 바빴다. 그다음에 경제학부장까지 맡아 더욱 바빠졌는데 출판사는 계속 개정할 것을 권하였다. 그러나 내 힘만으로는 어려워 제3 저자로 전성인 교수를 초대하였다. 전 교수는 책을 새 세기에 맞게 잘 고쳐 주었다. 그는 MIT 박사로 텍사스대학(오스틴)에서 교수를 하다 귀국하여 KDI를 거쳐 홍익대로 갔다. 그리

책이야기 〈97〉 경제학원론

# '원론다운 원론' 20년 장수

## 판 거듭하며 새이론 추가 완전 개작

經濟學原論

조순 전 부총리가 쓴 〈경제학원론〉이 곧 초판 발행 20년을 맞는다. 대학 교양과정의 경제학 교재로 여겨진 가장 널리 쓰이는 이 책은 지난 한 해에만 2만부나 팔렸다. 학문적 유행을 타지 않는 원론서의 일반적 수명 이상으로 장수하고 있다.

그 이유를 경제학자 이진순 숭실대 교수는 "이 책이 경제학의 기본원리를 명쾌하게 설명하고 경제현상을 알기 쉽게 분석해놓아 경제학적 사고능력을 키워주는 원론서다운 원론서로는 거의 유일하다"고 설명한다. "경제관료들을 만나보면 그들이 뭔가를 통과해가위해 경제원론을 거의 달달 외다시피했을 뿐인데 시공원리를 무시하는 등의 여러 개입정책을 쓰려는 등 경제학에 대한 원론적 이해가 부족한 것에 놀랄 때가 많다. 경제학 원론서들이 여러가지 나와 있지만 대게 잡다한 경제지식을 제공하는 경제학사의 수준을 넘지 못하는 것들인데 그 원인이 있다고 생각한다."

74년에 나온 〈경제학원론〉 초판은 '미시경제' 부문에서 수요공급이론 소비자이론 생산이론 분배이론 그리고 미시경제정책에 관한 이론과 각기 한계의 쓸음과 측, '거시경제학'에서 국민소득이론 화폐금융이론 인플레이션이론 국제경제이론 성장...

이론을 각기 하나의 장으로 서술했다. 조순씨는 버클리대학 박사과정을 거쳐 뉴햄프셔주립대학에서 조교수로 재임했다가 귀국해 서울대로 옮아온 뒤 7년 만에 내놓은 첫 저서였다. 그는 초판 서문에서 이 책이 원론이면 만큼 '구미의 경제학 책들의 일부분을 발췌하거나 예문을 모방한 부분도 있다'고 했다.

이런 책자는 그동안 5차례 '전정판'('전면개정판'이 나오는 동안 거의 원래 모습을 찾아볼 수 없을 만큼 바뀌었다. 조순씨는 개정 때마다 일부 고전이론들만 그대로 두고 새로운 경제학 이론들과 국제경제에 관한 부분들을 많이 추가해 거의 완전히 새로 쓰다시피 했다. 초판부터 이론경제에서 현실경제로 활동의 장을 옮긴 뒤 부총리 시절 집필한 90년에 제4판부터 그의 후배이자 제자인 정운찬 서울대 교수가 공동저자로 참여했다.

그사이 게임이론과 일반균형이론, 불확실성과 정보경제이론, 신고전파 거시경제학, 신케인스경제학, 균형경제반동이론 등 많은 새로운 이론들이 이 책의 목록에 추가됐다.

정운찬 교수는 "미시경제이론이야 경제학 원론판이 별로 다를 것이 없지만 거시경제학에 오면 조순 선생의 입장이 케인스주의로 기우는 것 같기도 하고 통화주의가 같아 보이기도 한다. 그러나 그 어느쪽이라기보다 근대경제학 전반에 대해 비판적이다. 그리고 양의 경제에서 질의 경제로 가야 한다는 입장이다"고 설명한다.

경제학에 관한 이런 입장은 곧 경제의 일안자문서의 소신으로 옮겨졌다. 시장의 기본원칙을 지키고 통화팽창보다 통화안정, 공황경제보다 안정 속의 경제를 추구했던 그는 부총리로서, 한국은행 총재로서 때마다 명철 낙착어 없었다. 20여년의 공황경제 속에서 이미 공통처럼 커버린 재벌이, 그들의 로비로부터 자유롭지 못한 권력이 그 를 원치 않았던 것인데, 청와대 가 한은 총재를 경질하던 지난 3월13일 〈경제학원론〉의 제5 전정판이 막 나온 서점에 깔렸다.

조선희 기자

고 서울대 총장이 된 후에는 나도 전성인 교수도 모두 바빠 제4 저자로 〈거시경제론〉 제2 저자인 김영식 교수까지 영입했다.

1990년대 후반부터는 책에서 한자를 완전히 뺐다. 여러 대학의 교수들이 한자를 모르는 학생들에게 가르치기가 너무 힘들다고 했기 때문이다. 학생들이 부모들에게 책에 나오는 한자에 토를 달아 달라고 부탁할 정도였다고 한다. 조 선생은 철저한 한글·한자 병용론자이면서도 그것을 받아들이셨다. 참 유연하시다.

새 저자로 참여하여 개정하면서 가장 어려웠던 점은 무게가 있는 책을 읽기 쉽게 고치자니 원래보다 다소 가벼워지지 않았나 하는 걱정이었다. 그러나 아직도 최소한의 무게는 유지하고 있다고 자부한다.

지난 2014년 〈경제학원론〉 발간 40주년을 기념하는 모임에서 조순 선생은 "경제학자는 역사와 사회를 알아야 해요. 당면한 현안 문제와 관련이 있어야 합니다. 요즘엔 경제학이 너무 엄밀함만을 추구합니다"라고 하시며 경제학의 지나친 수리화와 과학화를 안타까워하셨다.

내가 대학 다닐 때, 하루는 한 친구가 "현안 문제는 어떻게 다뤄야 합니까?"라고 조 선생에게 여쭈었다.

"항상 시장을 가 봐야 하네, 발표되는 통계 숫자만을 보고 경제에 대해 논하는 것은 옳지 않네. 그리고 현실의 구체적인 문제를 풀 때도 기본적인 경제적 사고의 틀이 중요하네. 수요와 공급, 단기와 장기만 염두에 두고 분석하면 그리 어려울 것도 없네"라고 하셨던 기억이 생생하다.

런던의 불우 지역인 동남부Cockney area를 자주 방문하며 경제 현실을 익혔다는 케임브리지대학의 마셜A. Marshall을 생각하게 하는 말씀이었다. 원래 수학자에서 경제학자로 변신한 그는 경제학을 잘하려면 냉철한 머리cool head와 함께 따뜻한 가슴warm heart을 겸비해야 한다고 강조하였다. 많은 경제학자들 더 나아가 요즘에는 정치인들까지도 자주 사용하는 말이다.

선생의 학문 방법은 경제, 정치, 역사를 통섭하며 다양한 시각을 고려하는 종합적 방법이다. 그것은 조 선생이 한학을 공부하셔서 사물을 하나하나 따로 따지기보다는 전체를 뭉뚱그려 사고하는holistic approach 습관을 기르셨기 때문으로 생각된다.

# 스승의 정계 진출

## 포청천 서울시장의 탄생

조순 선생은 1995년 6월 서울시장 선거에 출마하여 당선되셨다. 연초부터 정대철, 김근태 의원 등이 김대중 민주당 대표에게 조순 선생을 모셔 서울시장 선거를 하면 승산이 있을 뿐만 아니라, 차기 대선(1997)에서 민주당이 유리한 고지를 점할 것이라고 말했다는 언론 보도가 있었다.

그해 초봄에 훗날 국회에 진출한 김성식, 이광재 씨가 나를 찾아왔다. 그리고 조순 선생을 소개해 달라고 했다. 이유를 물었더니 조 선생을 서울시장 선거에 모시겠다는 것이었다. 나는 마음속으로 조 선생처럼 학식과 덕망 그리고 고매한 인격을 두루 갖춘 분이 혹시 대통령은 몰라도 서울시장을 하기는 아깝다고 생각하였다.

그러나 나의 좁은 소견 때문에 조순 선생의 정치적 기회를 막으면 어떻게 하나 하는 걱정으로 그들을 데리고 조 선생이 연구도 하고 손님도 맞는 '소천서사'로 갔다. 그들은 조 선생께 출마

하시면 틀림없이 당선될 것이라면서 선생을 설득하려고 들었다.

사실 조 선생은 어릴 적부터 유교적 전통에 익숙하셔서인지 공부하는 목적은 사회에 봉사하는 것이라고 늘 말씀하셨다. 또한 마침 1년 전(1994) 가을에 부실공사투성이의 성수대교가 붕괴하는 것을 보시고 서울시를 한번 바로 세워야겠다고 생각하셨음 직도 하다.

선생이 출마를 결심하셨다기에 나는 걱정부터 앞섰다. 이유는 단 하나였다. 만에 하나라도 낙선하시면 어쩔 것인가였다. 대한민국 최고의 학자가 혹시 경험하실지 모를 낭패가 무서웠다.

나는 처음에 선거대책본부로부터 정책자문단장을 맡으라는 제의를 받았지만 거절했다. 집에서 벽에 못 한 번 안 박아 보고 싱크대 청소조차 해 본 일이 없는 내가 서울시의 상하수도 문제, 지하철 문제 등을 어떻게 공부하여 정책 자문을 할 것인지 눈앞이 막막했기 때문이다.

그러나 선거기간 초반에 조순 선생의 전세가 다소 불리해 보이자 대책본부가 가까운 제자인 내가 불참하면 선생이 패배할지도 모른다며 자원봉사단장을 맡으라고 했다. 그래서 중후반에 자원봉사단을 구성해서 적극적으로 선거지원 활동을 전개했고, 세 번의 TV 토론(KBS, MBC, SBS)에도 물론 모두 참석했다.

그때 대학 동기인 장명국 〈내일신문〉 사장은 나보고 될 수 있으면 TV에서 외모를 초라하게 보이도록 노력하라고 했다. 그래야 제자들이 피곤할 정도로 열심히 선거를 돕는다고 보일 것이며 득표에 도움이 될 것이라고 했다.

수많은 유세장을 누볐고, 또 서울대 경제학부 학생들과 함께 선생을 위한 유세성 사은회를 63빌딩 등에서 열기도 하였다.

우여곡절 끝에 조 선생은 출마하여 정원식, 박찬종 후보 등을 누르고 당선되셨다.

당선 후 조 선생은 도떼기시장 같다던 서울시청의 질서를 잡으시는 한편 튼튼한 성수대교 재구축은 물론이려니와 당산철교의 철거와 신축을 통해 서울시민의 안전을 도모하셨다. 선생은 취임 며칠 전에 삼풍백화점 붕괴사고가 일어나 안전 문제에 특별히 힘을 쏟으셨다.

또한 조 선생은 서울의 맨해튼이라 불리는 여의도에 쉼터 하나 없다고 걱정하며 정치 데모의 장이었던 여의도 광장에 공원을 조성하셨다. 지금은 푸른 숲과 산책로가 아름다운 여의도 공원을 보면서 조순 선생의 혜안에 다시 감탄한다.

서울시 사람들은 나보고 시장실을 자주 방문하여 선생을 도우라고 말하였으나 나는 조 선생 임기 중 시장실에 갔던 적이 몇 번 없다. 내가 시장실에 자주 안 간 것은 매일 일어나는 일을 잘 모르면서 가끔 들러 이런저런 말씀을 드리면 소음noise으로나 작용하지 각종 문제해결에는 도움이 되지 않을 것이라고 생각했기 때문이다. 뿐만 아니라 우리 대학 동기 가운데 노준찬이 시장 비서

실장으로, 그리고 서준호(서강대 교수)가 서울연구원장으로 선생을 보좌하고 있었기 때문이기도 했다.

몇 번 안 되는 시장실 방문 가운데 한 번은 취임 축하를 위해서였다. 그리고 또 한 번은 선생이 나보고 선생의 대선 출마를 어떻게 생각하느냐고 물으시려고 부르셔서 간 것이었다.

1997년 봄 어느 날 그 질문을 받고 나는 반대 의견을 완곡하게 말씀드렸다. 같은 당의 김대중 씨가 대선에 나온다는데 시장 선거에서 김대중 씨가 속한 당의 도움을 많이 받았으니 후보 자리를 놓고 또는 본선에서 김대중 씨와 겨루는 것은 사람들의 비판을 받을 수 있다고 말씀드렸다. 결국 우여곡절 끝에 선생은 출마를 안 하셨다.

당시는 서울시민은 물론 온 국민이 새로운 인물을 갈구하던 때이다. 수많은 학자들, 조 선생의 고교와 대학 동문들, 그리고 사회지도층 인사들이 조순 선생보다 더 나은 사람이 대한민국에 어디 있느냐며 대선 출마를 바라던 터였다.

전국 방방곡곡에서 장문의 편지를 통해 또는 유려한 필체의 붓글씨 등으로 출마를 촉구하는 글도 보내왔다. 진정성 있는 것도 많았으나 어떤 것은 정치공작처럼 보이는 것도 있었다.

어렵게 고언苦言을 드린 이후 나는 선생께 너무 송구스러워 만나 뵙는 것을 자제하였다. 대선이 끝나고 한참 후에야 비로소 선생을 뵙고 사과의 말씀을 드렸지만 선생은 아무렇지도 않다는 표정으로 나를 맞아 주셨다. 나는 선생이 나에게 서운해 하셨을 것을 걱정한 좁은 소견이 부끄러웠다.

1997년 IMF 경제위기 속에서 당선된 김대중 대통령은 이듬해 2월에 취임 후 나보고 한국은행 총재를 맡아 달라고 사람을 보냈다. 한 번은 배기선 의원 그리고 또 한 번은 유종일 박사였다. 그들은 신문 칼럼을 통해 나타난 내 생각을 김 대통령이 좋아한다며 한국은행의 개혁에 앞장서 달라는 주문을 했다.

나는 정중히 거절했다. 그러자 성균관대 교수를 거쳐 청와대 수석비서관으로 일하던 김태동 선배를 통해 재차 같은 요청이 전달되었다.

나는 당시 51살이었다. 먼저 내가 한국은행을 이끌어 갈 능력이 있는지 나 자신에게 물었다. 나는 거시경제론과 함께 화폐금융론을 공부하였고, 〈중앙은행론〉도 썼으며 대학 졸업 후 1년 반 동안 한국은행에서 일한 경험도 있었다. 첫 직장에서 수장 자리에 오르는 것은 큰 영광이다. 또한 능력의 유무를 떠나 조순 선생이 총재를 맡으신 곳에서 한번 일해 보고 싶은 욕심이 없었던 것도 아니다.

그러나 한국은행 총재는 임기가 4년인데 학교와 정부를 왔다 갔다 하는 것을 옳지 않다고 생각한 나로서는 4년 후, 즉 나이 55세에 어디 가서 무엇을 새로 시작할 것인가가 걱정이었다.

또 다른 걱정도 있었다. 나는 조순 선생께서 대선에 나가시는 것을 완곡하게나마 말렸는데 선생께서 가게 되셨을지도 모를 자리에 오른 김대중 대통령의 한국은행 총재직 제의를 받아들이는 것은 도리가 아니라는 생각이 들었다. 그래서 나는 한국은행 총재를 맡을 준비가 안 되었다고 거절했다.

사실 나는 김대중 대통령을 당선되기 전에 한 번도 만난 일이 없다. 아무런 연락도 없었다. 물론 대통령에 취임한 1년 후(1999)에는 청와대에서 독대하며 특강한 일이 있고, 서울대 총장 임명장을 받을 때(2002) 만난 적도 있다. 그리고 총장을 그만둔 후 만나자는 전갈이 와서 동교동 자택에서 이런저런 말씀을 나눈 것이 전부다.

그때 김 대통령은 나보고 자중자애自重自愛하며 큰일을 하라고 말했다. 그러나 나는 큰일이 무엇인지 못 알아들었다. 다만 훌륭한 사람이 되라는 말로만 이해하였다. 나는 이렇게 정치적 센스가 없다.

서울시장 출마 당시 조순 선생의 관훈클럽 연설문(1995. 5. 23)을 소개한다. 이 연설문에서 우리는 지식인이 사회에 봉사하려 할 때 어떤 태도로 임해야 하는지를 엿볼 수 있다.

# 조순 서울시장 후보 관훈클럽 연설문


존경하는 김건진 총무님, 관훈클럽 회원 및 내외빈 여러분, 그리고 존경하는 서울시민 여러분! 저는 오늘 유서 깊은 관훈클럽에 초청받게 된 것을 제 인생의 무한한 영광으로 생각합니다.

## 40점짜리 서울을 70점 이상으로

저는 지난 40년 동안 육사, 서울대, 이화여대, 미국 뉴햄프셔대학에서 학생들을 가르치면서 성적을 많이 매겼습니다. 만일 저보고 지금 서울의 점수를 매기라면, 서울은 40점짜리 도시입니다.

폭발 직전의 서울 교통은 사고율 세계 제일입니다. 마음 놓고 수돗물을 마실 수 없게 된 지는 이미 오래됐습니다. 성수대교가 무너져 어린 학생들과 시민들이 죽어갈 때 우리의 가슴도 함께 무너졌습니다. 도시 한가운데서 잇달아 가스관이 터지고 있습니다. 무차별적인 성폭력이 난무하고 있습니다. 저는 딸자식은 없습니다만, 저녁마다 가슴 졸이며 딸의 무사한 귀가를 기다리는 가진 부모의 안타까운 심정을 잘 압니다. 게다가 시민의 귀중한 세금은 곳곳에서 도둑질 맞고 있습니다.

지난 40년 동안 계속되어 온 겉치레 행정, 밀어붙이기 행정이 서울을 이렇게 만들었습니다. 저는 서울이 40점짜리 도시라고 했습니다. 이대로 방치하면 앞으로 성적은 더 나빠질 것입니다. 이대로 두면 절대 안 됩니다. 서울은 다시 태어나야 합니다. 학교에서의 60점이하는 낙제입니다. 저는 이 낙제생 서울을 적어도 70점 이상으로 만들기 위해 시장 후보로 나섰습니다.

## 서울시장의 세 가지 요건 : 경제감각, 행정경험, 팀워크

서울의 모든 문제를 푸는 데는 경제마인드, 경영마인드가 필요합니다. 교통, 환경, 주택, 여성, 복지, 심지어 교육 및 문화 문제 해결에도 경제마인드, 경영마인드가 필요합니다. 저는 본디 경제학자입니다. 경제시대에 걸맞은 경제시장이 되겠습니다.

저는 그동안 경제부총리와 한국은행 총재로서 실물경제와 금융에 관한 행정경험도 쌓았습니다. 금융실명제와 토지공개념, 한국은행 독립 등 경제개혁을 일관되게 주장해 왔고, 성장과 안정의 조화를 위한 정책을 추진했습니다.

지금 민주당에는 전현직 구청장 출신의 구청장 후보만 10여 명이 넘습니다. 그 외에도 우수한 구청장, 시의원 후보가 많습니다. 이 중에 많은 사람이 당선되어서 서울시정에 참여할 것입니다. 저에게는 또한 우수한 제자와 후배가 아주 많습니다. 서울시장은 독불장군처럼 혼자 힘으로는 아무 일도 할 수 없는 자립니다. 팀워크를 짜서 도와주고 함께 일할 사람들이 절대적으로 필요합니다.

경제감각과 경영마인드, 행정경험, 팀워크의 세 가지는 서울시장이 반드시 갖춰야 할 기본 요건이라고 생각합니다.

## 서울시정의 3대 원칙

서울이 안고 있는 문제는 참으로 많습니다. 이 모든 문제를 하루아침에 확실히 해결할 묘방은 없습니다. 저는 무책임한 장밋빛 공약을 남발하고 싶지 않습니다. 서울의 성적을 70점 이상으로 끌어올리기 위해 저는 시정의 기본방향을 다음과 같이 잡겠습니다.

첫째, 모든 정책을 장기적 비전을 가지고 만들겠습니다. 저는 원래 사람 자체가 겉치레나 날치기와는 거리가 멉니다. 겉치레 행정이나 부실공사는 결코 용납하지 않을 것입니다. 당장의 인기에 연연하지 않고 적어도 30년 앞은 내다보고 정책을 결정하겠습니다. 한 가지 일을 잘하는 것도 중요하지만 나쁜 일 한 가지를 줄이는 것이 더 중요하다는 것을 깊이 인식하겠습니다.

둘째, 서울의 주인은 보통 시민입니다. 시민은 이제부터 통치의 대상이 아닙니다. 저는 물량보다 인간을 우선하는 인본주의, 휴머니즘에 기초해서 사람을 우선하는 정책, 시민의 신체와 재산의 안전, 생활의 안정을 위한 서비스 행정을 펼치겠습니다. 서울을 자동차와 시멘트의 도시가 아니라, 공원이 있고, 휴식공간이 있고, 문화시설이 있고, 웃음과 기쁨이 있는 도시로 만들겠습니다.

셋째, 저는 항상 시민과 함께하겠습니다. 누구보다 많이 걸어다니는 시장이 되겠습니다. 지하철과 버스를 많이 타는 시장이 되겠습니다. 시정의 내용을 시민에게 공개하겠습니다. 시민의 소리를 귀 기울여 듣고 시민의 자발적인 협조를 유도하겠습니다.

이러한 방향에 따라 시정을 추진할 때 한두 달 안에 성과를 기대할 수는 없습니다. 로마는 하루아침에 이루어지지 않았습니다. 여러분, 저는 꾸준히 노력해서 새로운 서울을 책임지는 시장이 되겠습니다.

### 3대 해결 과제: 교통난 해소, 안전 대책, 부정 척결

제가 보기에 가장 시급한 과제는 교통난 해소, 안전 대책, 그리고 부정 척결입니다. 이 세 가지 문제만큼은 제 임기 안에 확실히 해결의 실마리를 잡겠습니다.

며칠 전 신도림역과 충무로역에 가 보았습니다. 가만히 서 있어도 그냥 인파에 떠밀려 갑니다. 출근하느라 기운이 다 빠져서야 어떻게 일할 수 있겠습니까? 저는 지하철과 버스 이용이 승용차 이용보다 편리하고 쾌적하도록 하겠습니다. 10부제와 같은 행정통제 방식이 아니라 사람들이 스스로 경제성을 계산해 보아 자연스레 대중교통 수단을 더 많이 이용하도록 만들겠습니다. 환승주차장 등 구체적인 방안은 나중에 자세히 말씀드리겠습니다.

전반적 안전점검도 시급합니다. 부실하고 불안한 시설을 자꾸 만들어 내는 것보다 만들어진 시설을 보수하고 관리하는 것이 더 중요합니다. 필요하다면 안전관리공단을 만들어 지하철, 가스관, 통신망, 상하수도망을 과학적이고 정기적으로 점검하도록 하겠습니다. 철저한 방재대책을 강구하겠습니다.

복마전이란 오명을 쓰고 있는 서울시 행정에 맑은 바람을 불어넣겠습니다. 새로운 분위기를 형성하여 대다수 공무원이 양심에 따라 성실하게 일할 수 있는 환경을 만들겠습니다.

## 알뜰한 예산 사용

일을 하자면 사람과 예산이 필요합니다. 저는 무엇보다 사람을 잘 쓰도록 힘쓰겠습니다. 일 잘하는 사람을 선발하는 제도를 만들겠습니다. 일을 하려면 물론 예산이 필요합니다. 하지만 지금 있는 예산만 알뜰하게 사용해도 많은 일을 할 수 있습니다. 지금 서울시에는 안 쓰고 있는 예산, 즉 불용액이 1993년도 기준으로도 1조 원 정도 있습니다. 가령 이 자금으로 탁아소를 1천 개만 만들면 3만 명 이상의 주부가 직장에 다닐 수 있습니다. 또 부총리 때 예산편성을 해 보니까 여러 기관이 낭비하는 예산이 너무 많습니다. 이 가운데 10%만 줄여도 시급한 과제들을 많이 처리할 수 있습니다.

## '노'라고 말할 수 있는 조순, 정치적 야심이 없는 조순

저는 큰소리를 치는 사람은 아닙니다. 그러나 제가 옳다고 생각하는 일 앞에서 물러나는 예스맨은 아닙니다. 민자당 출범으로 경제개혁이 후퇴하는 것을 보고 사표를 던졌을 때도, 1992년 대통령 선거 중, 정부와 민자당이 돈을 풀라고 하는 요구를 끝내 거절하고 결국 한국은행 총재직을 타의로 물러날 때도 그랬습니다. 그때 젊은 직원들이 떠나는 저를 막고 엎드려 울던 모습을 잊을 수 없습니다.

저는 시민의 편에서 생각할 때 이게 아니다 싶으면, 누구의 요청에도 단호히 '노'라고 말할 수 있는 시장이 될 겁니다. 저는 다른 정치적인 야심이 없습니다. 대권을 위해 서울시장직을 징검다리로 이용하는 일은 없을 것입니다. 오직 서울 살리기에만 혼신의 노력을 다할 것입니다.

## 21세기 신서울

우리의 서울은 21세기 동북아의 중심도시로, 세계적인 도시로 도약해야 합니다. 교역, 통신, 정보의 중심이자 문화도시가 되어야 합니다. 70점이 80점이 되고 끝내는 90점, 100점이 되어야 합니다. 이러한 새로운 서울을 만드는 것은 이번 지방자치 선거를 맞는 우리 서울 시민 모두의 임무입니다.

## 시민의 삶의 현장으로

여러분, 평생을 경제학과 씨름해 온 저는 이제 서울 시민의 살아 있는 삶의 현장으로 들어가려고 합니다. 시장 아주머니의 손을 잡고, 샐러리맨의 이야기를 듣고, 공사장 인부의 어려움을 함께 하면서, 제가 평생 쌓아 온 모든 것을 다 바치고자 합니다. 이것은 일생을 지조 있는 선비로서 살고 싶었던 저의 진심 어린 충정입니다.

저는 이번에 서울시장 후보로 나서면서 뜻밖의 별명을 얻었습니다. 제가 가르치는 이화여대 학생들이 붙여 준 '서울 포청천'이라는 별명이 그겁니다. 비슷한 외모 때문이기도 하겠지만, 제가 포청천과 같은 강직한 서울시장이 되어 주기를 바라는 마음이라고 감사하게 받아들이고 있습니다. 서울 살리기에 앞장서는 서울 포청천 조순, 포청천 시장 조순이 되겠습니다.

여러분, 끝까지 경청해 주셔서 대단히 감사합니다.

2장

# 서울대학교의
# 발전에 헌신하다

# 대학에 부는 변화의 바람에 동참하다

1997~98년의 경제위기 이후 한국 사회에서는 변화와 혁신을 요구하는 목소리가 높아졌다. 대학도 예외가 아니었다. 위기 바로 전까지만 해도 '선택과 집중'을 내세우며, 졸업해도 취직조차 안 되는 학생을 키워내는 학과들은 축소 또는 폐지하고 보다 실용적인 공과대학이나 경영대학을 중심으로 대학을 개편하려던 움직임이 활발했다.

그러나 이제는 학부에서 생물학을 공부하고 대학원에서 법학을 전공하거나 영문학을 공부하고서 대학원에 가 의학을 전공하는 것이 결코 이상하게 보이지 않도록, 학부에서는 폭넓게 공부하고 대학원에서 전공과목을 철저히 공부하자는 분위기로 바뀌었다. 다시 말해 인문학적 소양을 갖춘 과학기술학도 또는 과학기술적 기초를 갖춘 인문사회과학도를 키우자는 바람이 분 것이다. 그래야 사회가 균형적으로 발전하고 경제 전체가 튼튼해질 것이라는 인식이 널리 퍼졌다.

이 변화의 배경에는 1990년대 미국의 (성장과 물가 안정을 동시에 달성한) '신경제'New Economy가 70년대의 대대적 대학 개혁에 힘입은 것이라는 인식이 자리 잡고 있었다. 그때의 대학 개혁의 핵심은 학부 때 폭넓게 기초를 튼튼하게 공부시키는 것이었다. 세상이 너무 빨리 변하여 학부에서 배운 전공과목은 졸업 후 곧 무용지물이 될 수 있으므로 학부에서는 기초과목을 폭넓게 가르쳐야 한다는 것이었다. 나는 이 추세를 긍정적으로 바라보았다. 나 자신이 대학 때 다양한 분야를 폭넓게 공부하지 못한 한을 풀기 위한 것이었는지 모른다.

마침 나와 생각을 공유했던 오성환 교수가 2001년 12월 나를 찾아와 학장, 즉 서울대 사회과학대 학장을 할 생각이 없느냐고 물었다. 나는 없다고 답했다. 학장을 하려면 학교에 대해 많은 것을 알아야 하는데 나는 본부 차원에서는 물론이려니와 단과대학 차원에서조차 사회과학대학 교무 학장보('부학장'을 당시는 그렇게 불렀다)와 경제학부장 말고는 보직을 맡아 본 일이 없다고 했다. 또 학장은 단과대학의 교수들이 직접 선출하는데 나는 아무런 마음의 준비도 없어서 출마를 못 하겠다고 했다.

그러나 오 교수는 사회과학대학 연구실을 돌아다니며 잠재적 학장 후보들에게 우리 대학은 변해야 한다며 나를 학장을 시켜 사회과학대학을 새롭게 만들어 보자고 설득했던 모양이다.

그 설득이 통했는지 나는 무투표로 학장이 된 후 2002년 2월 하순에 서울대 사회과학대 학장으로 취임하였다. 나는 그때로부터 수년 전 사회과학대학 개혁위원회 위원장으로 각 과에서 1명씩 파견한 교수들과 함께 사회과학대학의 바람직한 모습을 그려 보긴 했지만 구체적이고 실천적인 것은 사실상 없었다.

이와 같은 여건에서 업무를 시작하였으나 사회과학대학 교수회의를 활성화하고, 또 본부의 학처장회의에 참석하여 내 생각과 사회과학대학 의견을 기탄없이 개진하였다. 일부 교수들과 학장들은 그것을 못마땅해 했으나 많은 교수들과 학장들은 교수회의와 학장회의가 활기를 띠며 신선하게 되었다고 좋아하기도 했다.

그런데 그해 초봄 서울대 캠퍼스에서는 당시 총장의 어떤 일탈逸脫을 놓고 이런저런 논쟁이 벌어졌다. 캠퍼스 일각에서는 만약 스태프들이 원만하게 총장을 보좌했더라면 세상에 알려지지 않았을지도 모를 일들이었다고 했다. 그럼에도 일탈이 있는데 모른 체할 수도 없었다. 언론이 연일 서울대와 총장을 비판하고 나섰다. 결국 총장은 물러나고 11월로 예정되었던 후임 총장 선거가 6월 하순으로 앞당겨졌다.

일단의 교수들이 나를 찾아왔다. 총장 선거에 나서라는 것이었다. 물론 나는 싫다고 했다. 학장이 된 지 며칠이 지났다고 총장을 바라보느냐, 사회과학대학의 미래에 대한 설계조차 이제 막 시작하려는 참에 서울대를 내가 어떻게 맡겠느냐, 적어도 10여 명의 교수들이 11월 예정이었던 총장 선거에 나서려 한다던데 나는 한 번도 총장 선거를 생각해 본 적이 없다 등의 이유를 내세웠다. 겸손한 거절이 아니라 진짜 총장을 꿈꾸거나 준비한 적이 없는 솔직한 심정을 밝힌 것이다.

사실 나는 그로부터 5~6년 전에 경제학부장을 했고, 그전에는 사회과학대학 학장보로 일했기 때문에 더 이상 학교 행정에 내 시간을 할애하고 싶지 않았다. 4년이라는 총장 임기가 너무 길게 느껴졌다. 인생의 황금기를 학교 행정에 바친다면 한국의 개발전략과 경제성장경험을 국제적으로 알리는 저술을 하겠다는 나의 오랜 포부는 물거품이 되고 말 것이라는 걱정이 앞섰다.

그러자 그들은 서울대가 위기에 처했는데 가만히 보고만 있을 작정이냐, 1980년대와 90년대에 매스컴을 통해 사회, 특히 경제사회에 대한 우려와 각종 정책에 대한 비판을 기탄없이 쏟아 내던 호기는 도대체 어디 갔느냐며 나를 몰아세웠다. 뿐만 아니라 내가 다른 사람보다 지명도나 개혁성에서 앞서 있다며 승산이 있다고도 하였다.

그들 말고도 사회과학대학은 물론이려니와 다른 단과대학, 특히 인문대, 자연대 교수들이 나를 찾아와 출마를 종용했다. 그래도 싫다고 했더니 누군가가 선거에서 떨어질까 봐 두렵냐고 하기에 그렇기도 하다고 했더니, 비록 출마해서 떨어지더라도 서울대의 비전을 만들어 구성원들에게 알리는 것만으로도 큰 보람이 있는 것이 아니냐며 출마를 강권하였다. 사회 비판만 하지 말고 서울대를 개혁할 계획을 세워 보라는 것이었다.

나는 결국 총장 선거에 나가기로 마음먹었다. 때로 인생은 자신의 의지보다 주변의 어떤 강력한 힘에 이끌려 나도 모르게 새로운 길에 서 있게 되기도 한다.

사실 나는, 총장에 나설 생각으로 그런 것은 아니었지만, 보직을 맡지 않았던 평교수 시절부터 서울대를 발전시킬 아이디어는 많이 생각해 두었었다.

또 그전에 미국으로 유학 가서 대학원을 다니고 교수도 하면서 한국 대학과 미국 대학을 비교하고 마음속으로 이상적인 서울대의 모습을 그려 보기도 하였다. 귀국 후 내가 학생 때와 크게 바뀌지 않은 서울대의 모습을 보고 안타까워하기도 하였다. 어느 누구나 서울대 교수라면 경험했을 일이었다.

기초를 튼튼히 하고, 학부에서 문과와 이과의 구분을 없애며, 소수정예로 학교를 만드는 구상이 늘 머릿속에 있었다. 또한 여느 다른 조직과 마찬가지로 서울대도 다양하게 만들어야 한다고도 생각했다. 학생과 교수의 구성을 다양하게 하고 외국과의 교류도 늘려야 한다고도 생각하였다. 그래야 창의성이 계발될 것이라고 믿었다. 한마디로 양量에서 질質로의 전환이 서울대가 가야 할 길임을 확신했다.

이 아이디어들은 평소에 대학과 교육 전반에 대해 조순 선생과 나눈 대화를 정리한 것이었다.

# 스승이 외면했던 서울대 총장 자리에 오른 제자

총장 선거에 나가기로 결심하기 전에 나는 두 분께 상의를 하였다. 한 분은 조순 선생이고, 다른 한 분은 김종인 박사였다. 조순 선생은 서울대는 바뀌어야 한다며 격려해 주셨다.

사실 나는 1990년대 초반 서울대가 총장을 교수 직선으로 뽑기 시작했을 때 조순 선생을 서울대 총장으로 모시고 싶었다. 당시 김종인 박사도 그 아이디어를 대폭 환영하였다. 만약 조 선생이 총장에 당선되시면 그날로 노태우 대통령과 함께 조 선생 자택으로 가서 축하하겠노라고 약속했다. 그것만으로도 서울대의 위상은 더 올라가고 서울대는 물론 다른 대학도 자율화가 제고되며 결국 학문의 자유가 꽃필 것이라고 하였다.

그 꿈은 실현되지 못했다. 나는 동양사학과의 이성규 교수, 화학과의 김영식 교수 등과 함께 조순 선생을 총장 선거의 장에 나오시게 하려 했다. 우리는 조 선생의 지명도, 학문적 우월성 그리고 인품을 내세우며 학내 여론을 통해 압도적 지지를 얻으면

투표 없이도 총장으로 모실 수 있지 않겠냐고 생각했다.

그러나 우리의 계획을 관철시키기는 쉽지 않았다. 그리고 조 선생은 그동안 부총리 겸 경제기획원 장관으로 학교를 떠나 계셔 학교 사정에 어둡게 되었다고 하시며 거절하셨다. 참으로 안타까웠다. 나는 훗날 선생께 선거에 나가시라고 더 강하게 말씀드리지 못한 것을 후회했다. 만약 그때 조 선생이 서울대를 맡으셨다면 서울대는 지금보다 더 빨리, 훨씬 훌륭한 대학이 되어 있었을 것이다.

김종인 박사는 조순 선생이 사양하신 총장 자리에 내가 가서 조 선생이 총장을 하셨었더라면 이루어 내셨을 일을 하라면서 서울대에 아는 교수가 많으니 적극적으로 도와주겠다고 약속했다. 실제로 그는 많은 사람을 소개해 주었다.

내 선거전략은 거의 모두 오성환 교수가 짰다. 매사에 세밀한 그는 선거를 진두지휘했다. 그의 계획에 따라 나는 관악, 수원, 연건 캠퍼스를 돌며 선거유세를 열심히 했다. 하루 24시간이 모자라 보였다. 서울대 교수를 안 만나 본 사람이 없을 정도로 많이 만나 나의 생각을 소개하고 여러 현안에 대해 토론을 벌이기도 했다.

마음을 열고 이야기하고 귀를 열고 이야기를 듣는 데는 선거만큼 좋은 기회가 없었다. 이른바 지성인들의 집합체라는 학교에도 문제가 많았다. 평소 하고 싶은 일, 고치고 싶은 문제들이

도처에 널려 있었다. 세계경제나 국가운영과 같은 거시적 주제에 빠져 정작 내가 속한 기관과 조직의 문제에는 눈 돌릴 틈이 많지 않았던 나를 현장으로 불러내 준 분들에게 깊이 감사했다.

선거운동은 나에게 새로운 사실을 깨우쳐 주었다. 이 세상에 나보다 못한 사람은 없다는 냉엄한 교훈이었다. 함께 경쟁하는 후보들은 학력, 경력, 연구실적, 평판과 같은 교수에게 요구되는 자질은 물론 인품과 도덕성 같은 인간적인 면에서도 나무랄 데 없는 분들이었다.

선후배 교수들은 물론, 교직원들 역시 각자의 장점과 특기를 바탕으로 작게는 학교에, 크게는 사회에 이바지해 온 분들이다. 정책결정 과정에서, 산업 현장에서, 민주화 대열에서 진실과 성의를 다한 선배들처럼, 학생들 또한 재기가 번득였다.

이분들을 모두 앞장서 이끈다는 것은 대단히 보람찬 일이겠지만, 한편으로는 부담스러운 과제임이 틀림없었다. 나는 표를 얻으려 하기보다 마음을 얻는다는 진지한 자세로 임했다. 그 결과 나는 1차 투표에서 10여 명의 예비후보 가운데 5위 안에 들어 본선 후보가 되었다.

본선은 치열했다. 나는 계속해서 열심히 그러나 겸손하고 정직하게 선거운동을 했다.

연건 캠퍼스(의대, 치대, 간호대, 보건대학원)에서 있었던 일이다. 각자 자기 소견을 발표하고 사회자의 몇 가지 질문에 답하였

다. 나는 소견 발표에서 당시 커다란 사회 이슈였던 의약분업에
관해 내가 무지한 탓에 사회과학자로서 의견을 제시하지 못했음
을 사과했다. 그리고 대학 발전에 대한 나의 구상을 발표했다.

각 후보의 소견 발표가 모두 끝난 후에 한 교수가 '연건 캠퍼스
발전위원회'가 지지부진한데 앞으로 연건 캠퍼스를 어떻게 발전
시키겠냐고 질문했다. 다른 후보들은 연건 캠퍼스 발전위원회에
대해 아주 잘 아는 듯한 말투로 향후의 연건 캠퍼스 발전방향에
대해서 소신을 말하였다. 갑자기 출마하여 선거운동을 두 달도
못 한 나는 솔직히 연건 캠퍼스 발전위원회에 대해 들어본 일조
차 없었다.

그러나 주어진 3분 동안, 어릴 때 동숭동에 살면서 외부인 출
입금지에도 당시의 문리대, 의대 철조망을 넘나들다 수위에게
들켜 혼난 에피소드를 소개한 후, 이런 인연이 있는데 내가 어떻
게 연건 캠퍼스를 소홀히 할 수 있겠느냐며 교수들의 지지를 호
소했다.

준비 부족을 자책하며 풀이 죽어 나오는 나를 보고 내 친구인
한 의대 교수가 연건 캠퍼스 발전위원회는 자기도 모른다며 한
번도 들어 본 일이 없다는 나의 정직한 고백이 오히려 많은 사람
의 지지를 얻게 할 것이라고 위로해 주었다.

6월 20일 총장 선거가 끝났다. 나는 당선을 크게 기대하지도
않았는데 2위 후보와 많은 표 차이로 서울대 제23대 총장이 되

었다. 서울대는 국립대학이므로 교육부와 청와대의 허락을 받고 7월 22일 오전 9시 행정관 순시로부터 업무를 시작하였다. 공식 취임식은 8월 1일에 했다.

　그날은 취임사를 통해 나의 4년간의 업무계획을 발표하는 날 이었다. 며칠 전 취임사 초안을 만들어 조순 선생께 보여 드렸 다. 조순 선생은 내 초안에 대해 솔직한 견해를 보내 주셨다. 조 순 선생의 메모를 소개한다.

# 총장 취임사를 고쳐 준 조순 선생

운찬雲燦 호우好友

취임사 재삼再三 읽고 검토한 후, 몇 가지 소감所感을 적어 보내니 참고 바라네. 취임사 내용은 군데군데 문구文句의 적절適切 여부與否는 고사하고 대체로 무난無難한 것으로 생각되네. 단, 문제는 비견鄙見으로는 좀 너무 무난하다는 느낌이네.

다음의 몇 가지를 고려함이 어떨까 생각하네.

이번에 총장總長이 된 것은 선거운동을 한 결과는 아니며, 오직 정 군鄭君의 깨끗한 이미지와 서울대를 이 위기 국면으로부터 구출救出해 달라는 기대의 결과였음. 이 기대에 보답報答하겠다는 의지意志를 좀더 확실하게 표현해야 하지 않을까.

링컨 Abraham Lincoln은 게티즈버그 연설 Gettysburg Address 때, "세상은 오래 기억하지 않을 것입니다"The world will not long remember 운운云云했지만, 그날 정 총장의 취임사를 누가 영영 기억할는지, 또 보도가 될는지 모르나, 정 군의 입장으로서는 마치 세상이 모두 내 말을 듣고 있는 것처럼, 충분한 내용內容을 담아야 하네.

연설演說의 내용은 그날 행사行事의 일부로 간주해서는 안 되며, 앞으로 4년 동안 총장이 밀고 가는 굵은 방침方針(구체적 구현imple-mentation은 언급불요言及不要)을 내놓고, 내가 여러분의 기대를 알고, 잘 해내겠다는 포부抱負를 보여야 하네.

만일 그렇다면 서울대의 현황現況과 그 시대적 사명使命, 또 그것을 구현具現하기 위한 대방大方에는 다소의 언급이 있어야 할 것임. 서울대는 지금처럼 안일安逸하게 도일度日하다가는 1위一位의 자리에서 밀려 나간다는 절박감sense of urgency을 좀 전달해도convey 좋을 듯. 너무 낙심한discouraging 말을 해서는 안 되지만, 적극적인positive 말은 얼마든지 할 수 있으리라 보네.

서울대의 사명은 어디까지나 나라를 '훌륭하게' 이끌어 나갈 수 있는 인재人材의 배출輩出에 있음. 지금까지 나라를 이끌어 왔지만 훌륭하게 이끌지는 못했다는 아쉬움이 있네.

필요한 것은 '도의'道義의 강조强調가 아닐까. 지금과 같은 혼탁混濁한 세파世波에도 굳건하게 자기 자리를 지킬 수 있는 인격人格, 지성知性과 아울러 덕성德性, 그리고 감성感性뿐만 아니라 지식知識을 갖춘 용지불갈用之不渴의 인재를 배출합시다.

대학지도 재명명덕大學之道 在明明德
재신민 재지어지선在新民在止於至善

〈대학〉大學의 첫머리 구절인데, 대인大人의 학문이란, 밝은 덕德을 밝히고, 백성을 새롭게 하고, 지선至善을 떠나지 않는 데 있다는 뜻이네. 나는 특히 오늘의 한국과 같은 나라에서는 대학교육<sub>大學敎育</sub>의 목표는 여기에 두어야 하지 않을까 생각하네. 우리는 대인을 길러내자는 것이 아니겠나.

오늘 서울대와 같은 처지에서는 앞으로 발전하자면, 첫째 교수들의 자발적 노력이 필요함. 기초과학<sub>基礎科學</sub>이 안 되고 있지만, 이것은 교수들의 책임이네. 외국 이론<sub>外國 理論</sub>만 중개<sub>仲介</sub>하니 학문의 관련성<sub>relevance</sub>이 없고, 학생들이 외국 이론을 배우자면 외국으로 가는 것이 당연할 수밖에. 그것도 모르고 대학원<sub>大學院</sub> 학생 정원<sub>定員</sub>만 늘리니 정원 미달<sub>未達</sub>이라는 평<sub>評</sub>만 듣고, 서울대는 아주 몹쓸 대학인 것처럼 돼 있으니, 이것이 모두 교수들의 단려<sub>短慮</sub>의 소치<sub>所致</sub>임.

서울대에 또 필요한 것은, 부작용<sub>副作用</sub>도 있겠지만, 경쟁 원칙<sub>競爭 原則</sub>의 도입, 창조적 파괴<sub>creative destruction</sub>. 서울대의 문을 외국에 열고 국민의 요구<sub>need</sub>를 위해 봉사하는 곳으로 만들어야 함. 경쟁으로 부실<sub>不實</sub>을 치유<sub>治癒</sub>.

학생들로 하여금 교수<sub>敎授</sub>를 평가하게 하는 것은 좋지 않은 면이 많지만, 지금과 같이 교수들 사이에 엉터리가 많은 데에는 어떻게 하겠는가. 서울대의 문을 열겠다, 외국에 대해, 그리고 국민에 대해, 이런 것이 내용에 있어도 좋을 듯.

'우리가 자율적<sub>自律的</sub>으로 좀더 잘합시다, 그러기 위해서는 우리 속에서 자발적 노력이 더 나와야 합니다.' 운운. 이런 말도 어떨지. '나는 진실한 길을 걷겠습니다, 살신성인<sub>殺身成仁</sub>을 하겠습니다, 그러나 나에게 너무 기대하지는 마십시오, 혼자 할 수는 없습니다, 다

같이 잘합시다.' 운운. '그러나 책임은 내가 지고 해내겠습니다.' 높은 이상理想과 아울러 겸손한 자세를 보일 것.

사람들이 모두 정 군의 깨끗함, 정직正直함, 신직辛直함을 알고 있는데, 알고자 하는 것은 정 군의 '굵은' 총론, 포부, 이런 것이니, 이것을 좀 내비치어 주길 바람.

서생書生 같은 이야기는 이제부터는 곤란困難. '진리眞理는 나의 빛' 아주 좋은 말이고 나도 아주 좋다고 생각하고 어딘가에 잘 쓰도록 하되, 한 가지 곤란한 점이 있다면, 가슴에 와닿지 않는다는 점.

어제 인준仁埈이가 와서 환오歡娛. 그도 나도 우리가 총장을 잘 도와야 한다고 했는데, 김 군 및 그 밖의 수 명數名(너무 많아도 곤란)과 잘 상의相議해서 취임사를 쓸 것.

취임사는 중요함. 다시는 안 오는 기회. 하나의 행사로 생각하지 말 것. 굵게, 힘 있게, 그러나 정중鄭重하게.

즉卽 조순趙淳 서書

P. S. 〈경제학원론〉 1장 전부 새로 썼고, 2, 3일 내에 송부위계送付爲計(송부할 예정임)*

메모는 한마디로 취임사를 힘 있게 쓰라는 것이었다. 스케일이 크게 쓰라는 말씀이었다. 그래서 나는 메모를 참고하여 다음과 같이 취임사를 다시 작성했다.

---

* 당시 우리(조순 선생, 나, 전성인 교수)는 〈경제학원론〉 제7판을 준비하고 있었다. 제1장은 조 선생이 직접 썼다.

# 서울대 총장 취임사

존경하는 서울대 전임 총장님과 총동창회장님, 여러 대학의 총장님과 내빈 여러분, 그리고 서울대 교수, 직원과 학생 여러분!

36년 전 신입생으로 교문에 들어서던 때부터 오늘에 이르기까지 서울대는 제 삶의 대부분이었습니다. 지금 서울대학교 제23대 총장으로 취임하기 위해 이 자리에 서니, 깊은 감회 이루 다 말할 수 없습니다. 모교를 위해 미력하나마 몸과 마음을 바쳐 봉사할 수 있는 기회를 갖게 되었으니 이보다 더 큰 영광이 있을 수 없습니다. 그러나 여러 방면으로부터의 기대에 어긋나지 않게 맡은 바 임무를 제대로 수행해야 하는 막중한 책임감에 벌써 어깨가 무거워짐을 느낍니다.

저는 오랫동안 21세기 한국에서 서울대가 과연 어떤 역할을 해야 하는지 골똘히 생각해 보았습니다. 그리고 이 시대, 이 나라의 여망을 서울대가 얼마나 충실하게 수행하고 있는지 자문해 보았습니다. 지난 50여 년 동안 서울대는 각계각층에서 우리 사회를 이끌고 있는 수많은 인재를 길러냈습니다. 또한 교수들과 학생들의 각고의 노력 끝에 얻은 연구 성과는 우리 사회의 빛과 거름이 되었습니다. 그러나 그것을 가시고 만족할 수는 없습니다. 온 국민이 우리에게 거는 기대에 비하면 우리의 성과는 미흡하다고 하지 않을 수 없습니다.

존경하는 내빈 여러분, 교직원 여러분, 그리고 학생 여러분!

우리 국민의 가장 큰 소원이 무엇이겠습니까? 세계 어느 곳에 내놔도 자랑할 수 있는 대학 하나 가지는 것이 아니겠습니까? 국민은 그 기대를 어디에 걸었겠습니까? 우리에게 걸어 온 것이 아니겠습니까? 그런 기대와는 달리, 요즈음 서울대 안팎에서 '위기론'이 심심치 않게 들려오고 있습니다. 나아가야 할 방향을 잃고 표류하는 모습에 대한 우려의 표현입니다. 우리는 이 우려의 목소리에 겸허하게 귀를 기울이고, 무엇부터 고쳐 나가야 하는지 머리를 맞대고 논의를 시작해야 합니다.

저는 우리가 이 어려움을 극복하고 국민의 기대에 능히 부응하리라 믿습니다. 우리에게는 가장 훌륭한 교직원이 있습니다. 가장 우수한 학생이 있습니다. 졸업생과 정부 당국의 뒷받침이 있습니다. 그리고 무엇보다도 국민의 성원이 있습니다. 중요한 것은 우리 스스로의 노력입니다. 이것만 가지면 우리가 거듭날 것을 저는 확신합니다.

저는 서울대가 진리의 불빛으로 세상을 밝히는 지성의 전당이 되어야 한다고 믿습니다. 사회가 우리에게 거는 기대가 이것 이상도 이것 이하도 아니라고 생각합니다. 진리를 위해서라면 목숨까지 걸 수 있는 순수한 열정으로 불타오를 때 아낌없는 국민의 사랑이 쏟아지리라고 믿습니다. 우리는 지성과 양심의 마지막 보루로서 어떤 유혹과 압력에도 흔들리지 않고 진리 탐구의 외로운 길을 가야 합니다.

진리 탐구의 가장 중요한 축은 두말할 나위도 없이 연구와 교육입니다. 건강한 지적 호기심과 왕성한 창의성이 온 대학에 넘쳐흘러 수많은 독창적 연구 성과가 나와야 합니다. 우리가 밝혀낸 진리가 한국 사회는 물론 전 인류의 앞날을 밝히는 환한 불빛이 되어야 합니다. 우리는 아직도 낙후되어 있는 우리의 학문을 세계 수준으로 높여야 합니다. 그렇게 하기 위하여 우리는 외국의 학문을 배우는 한편, 우리 자신의 문제를 우리 방식으로 접근하는 독자적 연구 역량의 배양에도 힘써야 합니다. 그러나 서울대의 연구 여건은 매우 취약합니다. 저는 서울대의 교수와 학생들이 마음껏 연구에 몰두할 수 있는 여건을 만들기 위해 온 힘을 다하겠습니다.

최근 기초학문과 응용학문 사이의 우선순위를 둘러싸고 논란이 있습니다. 그러나 이 둘은 서로 분리될 수 없는 학문의 두 핵심입니다. 구태여 우선순위를 따질 필요가 없습니다. 기초학문의 굳건한 토대가 없으면 응용학문이 제대로 발전할 수 없을 것이며, 응용학문이 활성화되지 못하면 기초학문 역시 침체를 면치 못할 것입니다. 기초학문과 응용학문 사이의 건전한 균형을 회복하는 것도 제게 맡겨진 중요한 임무라고 생각합니다.


교육은 진리 탐구의 또 다른 한 축으로 그 중요성이 결코 연구에 뒤지지 않습니다. 아마 한국의 여건을 생각해 볼 때 국민이 서울대에 거는 기대는 교육의 측면에서 더 클지도 모릅니다.

우리 대학에는 해마다 전국 각지에서 뛰어난 인재들이 모여듭니다. 그러나 이들이 우리의 교육을 통해 사회 각계의 지도자로서의 소양을 갖추어 가는지 결코 자신할 수 없습니다. 혹시 막스 베버Max Weber가 말한 '비지성적 전문가'들만 양산하는 것이 아닌가 염려스럽기까지 합니다. 우리는 오늘날과 같은 혼탁한 사회에서, 부정과 부패를 물리치고 정의와 도의로 사회를 바르게 이끌 수 있는, 지성과 덕성, 그리고 감성을 갖춘 용지불갈의 인재를 배출해야 합니다.

또한 우리 대학은 나만의 삶이 아니라 남과 더불어 사는 삶을 추구하는 진취적인 지성인을 만드는 데 중점을 두어야 합니다. 동양의 고전인 〈대학〉大學에, 대학의 길은 밝은 덕을 밝히고, 백성을 새롭게 하고, 지선至善을 떠나지 않는 데 있다고 했습니다. 바로 이런 '큰 사람'을 길러내는 데서 우리 대학이 나아가야 할 방향을 찾아야 한다고 생각합니다.

우리는 오랫동안 서울대가 한국 제일의 대학이라는 자부심을 가져 왔습니다. 그러나 세상은 나날이 달라지고 있습니다. 어떤 측면에서는 더 이상 제일의 자리를 지키지 못하는 부문도 생겨날지 모릅니다. 설사 제일의 자리를 지킨다 하더라고 별 의미가 없습니다. 이미 우리의 주요한 경쟁 무대는 세계로 옮겨져 세계 유수의 대학들과 치열한 경쟁을 벌여야 합니다.

서울대는 더 이상 과거에 안주해 시대의 흐름을 외면하는 폐쇄적 공동체가 되어서는 안 됩니다. 저는 진리의 개방성을 굳게 믿고 있으며, 이에 바탕을 두어 우리 대학을 운영해 나가려 합니다. 한층 더 높은 차원의 진리를 위해 외국에 대해서도, 그리고 국내의 다른 대학이나 연구소에 대해서도 문을 활짝 열어 놓고, 국민에 대해서도 봉사하는 진정한 의미에서의 '열린 대학'을 만들기 위해 노력할 것을 약속드립니다.

우리가 추구하는 높은 이상을 달성하기 위해 무엇보다도 필요한 것은 우리 모두의 자발적인 참여입니다. 자발적인 참여를 유도하기 위해, 저는 민주적인 의사결정 과정을 존중할 것입니다. 우선 총장인 저 자신부터 귀와 마음을 열어 놓겠습니다. 널리 의견을 구하고 신중한 토의를 거쳐 의사를 결정하는 민주적 원칙을 분명하게 확립하겠습니다. 나아가 모든 관련 정보를 필요에 따라 투명하게 공개하겠습니다. 최근 학내외에서 개혁을 요구하는 목소리가 높습니다. 저는 민주적인 의사결정 과정을 통해 필요한 개혁작업을 합리적으로 수행할 것입니다.

총장으로서 저에게 맡겨진 임무는 오직 열과 성을 다해 대학 구성원들을 위해 봉사하는 것밖에 없다고 생각합니다. 저는 우리 대학교수들에 대한 물질적, 제도적 지원이 매우 열악하다는 사실을 누구보다도 잘 압니다. 교수 여러분들이 보람을 갖고 연구와 교육에 전념할 수 있는 여건을 만들기 위해 최대한의 노력을 기울이려고 합니다. 이와 동시에 서울대를 위해 묵묵히 헌신하고 있는 직원 여러분들의 애로를 귀담아 들어, 우리 대학이 보람 있고 즐거운 일터가 되도록 만들어 나가겠습니다.

저는 총장으로서 학생을 위해 봉사하는 데에 특별한 의미를 부여하고 싶습니다. 학생 여러분들은 우리 대학의 가장 소중한 자산이며, 여러분들을 올바른 길로 인도하는 데서 우리의 진정한 존재 의의를 찾을 수 있기 때문입니다. 저는 여러분의 대학생활이 좀더 윤기 있고 활기차게 될 수 있도록 어떤 도움이라도 아끼지 않겠습니다.

학생 여러분!

여러분은 젊고 천부의 능력을 타고났습니다. 젊은이의 특권은 꿈을 가지는 것입니다. 여러분은 그 꿈을 키우십시오. 자신의 일이나, 나라의 일이나 조급하게 생각하지 마십시오. 서울대 학생으로서 여러분들 어깨에는 나라와 사회에 봉사해야 하는 책무가 지워져 있습니다. 이 점을 잊지 말고, 자중자애自重自愛하며 인내심을 갖고, 촌음을 아껴 공부와 수련에 힘씀으로서, 한국의 미래를 이끌 동량棟梁으로서 내일을 위한 준비에 한 점 소홀함이 없기를 바랍니다.

지적 활기와 학문적 진지성이 충일한 캠퍼스, 신뢰와 협력 그리고 존경으로 맺어진 대학 구성원들, 이 바탕 위에서 이루어진 세계적 연구 성과와 바람직한 교육의 성취, 이것은 저의 꿈만이 아닌 서울대에 몸담고 있는 우리 모두의 꿈입니다. 여기에는 거쳐야 할 단계와 극복해야 할 난관이 적지 않겠습니다만, 꿈은 이루어질 수 있다는 확신에 찬 기대를 갖고 21세기의 서울대를 열어 가겠습니다.

교직원 여러분, 학생 여러분, 동창 여러분, 그리고 지역사회 여러분! 우리 모두 함께 서울대의 새로운 도약을 위해 힘찬 걸음을 내딛읍시다. 저로서는 원칙과 명예를 소중히 여기는 선비의 자세를 잊지 않겠습니다. 동시에 오늘날의 급변하는 사회에 걸맞은 진취성과 유연성도 잊지 않도록 노력하겠습니다. 그리고 제 임기 동안 자원봉사자의 겸허한 마음가짐으로 진실한 길을 걷겠습니다. 그러나 혼자서는 도약할 수 없습니다. 다 같이해야 합니다. 적극적으로

도와주십시오. 물론 모든 책임은 제가 지겠습니다. 많은 성원과
편달을 간절히 부탁드립니다.

부족한 저를 격려하여 주려고 왕림하신 내빈 여러분과 서울대의
가족 여러분께 깊은 감사를 드리오며, 앞으로 더욱 건승하시기를
기원합니다. 고맙습니다.

2002년 8월 1일

서울대 총장 정운찬

내 능력에는 한계가 있다. 선생의 주문을 다 만족시킬 수는 없었다. 그래서 동료 교수들의 도움을 받아 고쳤다. 그럼에도 미진한 부분은 있으나 선생의 가르침을 따르려고 노력하며 완성한 취임사는 많은 사람의 공감을 샀다. 나는 취임사에서 약속한 것을 지키며 학교를 운영하려고 노력하였다. 늘 그랬지만 조순 선생에게 다시 한 번 신세를 진 것이다.

그런데 조순 선생은 그해 말(2002. 12. 16) 인간개발연구원에서 행한 연설에서 나에게 다음과 같은 당부를 하셨다. 〈조순 문집: 이 시대의 희망과 현실〉 제4권의 "한국의 미래와 서울대학교의 비전"에 나와 있는 글을 그대로 소개한다.

### 정 총장은 서울대학교에 모든 것을 바치시오

서울대는 우리나라 학생이면 누구나 다니고 싶어 하는 학교이다. 모든 학부모가 이 학교에 자녀를 보내고 싶어 한다. 모든 학자가 이 학교의 교수가 되고 싶어 한다. 이런 학교의 총장이 됐으니, 정운찬 총장에게는 얼마나 큰 영광인가. 그러나 모든 영광에는 부담이 따른다. 그 부담을 감당 못 한다면 영광은 질곡으로 변한다.

불행하게도 정 총장이 물려받은 유산에는 부실의 씨를 털어 버리기가 어렵듯이, 서울대가 가지는 부실의 원천을 제거하는 것은 매우 힘들 것이다. 새로운 학교를 잘 만들기는 쉬워도 부실화된 학교를 옳게 만들기는 매우 어렵다. 그러나 그러면 그럴수록 정 총장의 역할은 더욱 크고 빛날 수 있기 때문에 사명감을 가지고 앞으로 나아가기를 바란다.

다행하게도 지금까지는 비교적 성공적이다. 이 시점에서 정 총장에게 몇 가지 당부를 하고 싶다.

- 마치 종신토록 총장직에 있을 듯이, 다른 모든 생각을 버리고, 총장직을 수행하시오. 언제라도 그만둘 수 있으니 담담한 심정을 항상 유지하시오.
- 정 총장이 지금까지 구상하고 추진하려 하는 사업은 다 좋은 것이니, 신념을 가지고 추진하시오.
- 학교를 국내외에 가급적 개방하시오. 경쟁시스템을 도입하시오. 학생들이 글 잘 쓰고 말 잘하는 능력을 기르도록 하시오. 이 것은 교언영색巧言令色과는 다릅니다.
- 학과나 학생 모집인원을 가급적 줄이시오.
- 지식이나 기술을 가르치는 일도 물론 중요하지만, 덕성德性과 감성感性은 그것보다 더 중요합니다. 가급적 동서양의 고전을 많이 가르치십시오.
- 서울대 학생들은 머리가 좋은 반면, 참을성이 적고 심지가 꿋꿋하지 못하다는 평이 있습니다. 지사형志士型 인물이 아쉽습니다. 학생들에게 인내심을 가르치는 훈련 프로그램을 개발하십시오.
- 한국이 비교우위를 가질 수 있는 분야를 놓치지 말고 개발하십시오. 동양학, 한국학, 한문 등을 말하는 것입니다. 학생들이

이런 과목을 선택할 수 있는 기회를 많이 마련해 주십시오.

- 학생에게 학문의 요체要諦는 다섯 가지라는 것을 가르쳐 주십시오. 첫째, 넓게 지식을 배워야 하고(박학지博學之), 둘째, 자세하게 의문을 제기해야 하며(심문지審問之), 셋째, 신중하게 생각해야 하고(신사지慎思之), 넷째, 자기의 생각을 명확하게 변론辯論할 수 있어야 하며(명변지明辯之), 다섯째, 독실하게 실행해야 한다는 것입니다(독행지篤行之). 이것은 〈중용〉中庸에 나오는 말입니다 (〈중용〉 제20장).

나는 서울대 총장이 된 제자인 내게 보내 준 선생의 당부가 담긴 이 글을 최근에야 접하게 되었다. 이 글을 찬찬히 읽어 보면서 선생의 식견은 물론 넘치는 애정에 가슴이 따뜻해졌다. 나뿐만 아니라 서울대 총장이라면 누구나 새기고 실현해야 할 내용이다.

또한 〈조순 문집: 이 시대의 희망과 현실〉 제6권 〈조순 한시집: 봉천혼효삼십년〉에는 나의 서울대 총장 피선을 축하하며 조순 선생이 써 준 축시가 실려 있다.

| | |
|---|---|
| 옥같이 고운 마음 사람 대하기 섬세하고 | 良玉對人心細織 |
| 몸가짐 자기 단속 바르고 엄하다. | 操身持己又端嚴 |
| 선비 학자 예로부터 말이 많으니 | 士林從古頻多謗 |
| 옳고 그름 분별함에 날 세우지 말게나. | 分別是非宜不尖 |

# 보직교수 구성의 다양성

총장에 선출된 후 취임 전까지 나는 스태프, 이른바 보직교수 인선에 힘썼다. 서울대 교수치고 보직교수를 부탁하면 못 해낼 사람은 하나도 없을 것이다. 그러나 될 수 있는 대로 아주 유능한 사람을 모시되 다양성을 추구하려고 노력하였다.

다른 조건이 동일하다면 조직의 다양성이 창의성을 촉진하는 것은 틀림없다. 삼성그룹과 대우그룹을 비교해 보라. 두 그룹이 모두 잘나가다가 삼성은 세계적 일류 기업이 된 데 비해 대우는 해체 수순을 밟았다. 그 이유는 무엇일까? 다른 차이도 많이 있었겠으나, 삼성은 조직 구성이 다양한 데 비해 대우는 매우 단순했다. 삼성은 서울과 지역의 여러 대학 출신들이 많은 데 비해 대우는 이른바 스카이SKY(서울대, 고려대, 연세대) 출신이 대부분이었다.

그래서 나는 될 수 있는 대로 보직교수를 다양하게 모시려고 힘썼다. 당시 서울대에는 1,800명의 교수 가운데 경기고 출신이

360명 정도였다. 이 숫자를 보고 어떤 사람들은 내가 모교인 경기고 출신 교수들 때문에 총장이 되었다며 너무 당연한 것 아니냐고 묻는다. 그러나 5명의 본선 후보 가운데는 경기고 출신이 3명이나 되었다.

나는 1기(한 기는 임기가 2년)와 2기 합쳐 오직 2명만 경기고 출신 교수 중에서 보직교수로 초청하였다. 1기에는 김우철(통계학과) 교무처장이었고, 2기에는 오성환(경제학과) 기획실장이었다. 그전에는 총장의 출신학교와 관계없이 경기고 출신이 보직교수를 다수 차지하였었다.

그러자 내 인선에 경기고 출신 교수들의 반발이 많았다. 나는 경기고 출신 교수들이 무엇을 생각하는지는 대강은 알 수 있으므로, 다른 고교 출신들을 모셔다가 될 수 있는 대로 다양한 의견을 들으려고 그랬다고 설명하였다.

총장 선거에서 대놓고 다른 후보를 지지한 교수도 뽑았고, 한 번도 얼굴을 못 본 교수도 강력 피추천만으로 모셨으며, 서울대 역사상 처음으로 여성 처장을 임명하였다. 나중에 황우석 교수 줄기세포 논문 진상조사위원회 간사를 맡아 실력과 뚝심을 보여준 노정혜(생명과학부) 교수를 2기 연구처장으로, 그리고 〈흔들리는 중년 두렵지 않다〉를 쓴 이미나(사회교육학과) 교수를 1기 학생처 부처장을 거쳐 2기 처장으로 모셨다. 이들 두 여성 처장은 일도 묵묵히 잘했지만 입이 무거워 아주 신뢰할 만한 원팀의 일원이었다. 또 한 분의 여성 보직 교수로 1기 연구부처장을 거쳐 2기 교무부처장으로 봉사한 여정성 교수(소비자 아동학과, 현 부총장)도 일을 잘했을 뿐 아니라 보직 교수 간에 화목한 분위기를 조성하여 모든 사람이 신뢰하였다.

총장과 보직교수들은 관례대로 매주 화요일 10시 대학행정관 4층에서 회의를 하였다. 누구나 아무 의견이든 자유롭게 제시하도록 유도하였으나 일단 어떤 결정을 내리면 일사불란하게 화합하였다. 화이부동和而不同이랄까. 그때 같이 일했던 20여 명의 교수들은 그 후 코로나19가 창궐하기 바로 전까지 14년간 매 학기마다 만나 화기애애한 친목모임을 가졌다. 코로나19가 약화되면 다시 모일 것이다.

　나는 또 대학의 다양성을 위해 교육부 및 여성가족부와 협의하여 여성만을 뽑는 조건으로 30여 명의 교수 자리를 받아 오기도 했다. 또한 교수 3명 뽑을 때 적어도 한 명은 타교 출신 가운데 뽑는 3분의 1 법칙을 고수하였다. 물론 타과를 타교로 해석하는 편법도 있었으나 대체로 잘 지켜졌다. 그리고 외국인 교수를 초빙하려고 여러 가지 인센티브를 부여하기도 하였다.

# 은사의 철학을 실천하다

조순 선생은 다양성이 중요함을 누누이 강조하셨다. 오늘날까지도 그러시다.

1975년 이후 서울대는 문리대, 법대, 미대 등이 있던 종로구 일대, 상대가 있던 홍릉, 공대가 있던 태릉, 사대가 있던 청량리, 음대가 있던 중구 등에서 관악구 신림동으로 이사했다. 당시의 서울대 건물들은 천편일률로 성냥갑 같은 4층 건물이었다. 그래서 학교 모양은 똑같은 규격의 기차가 무질서하게 들어선 기차 정거장과 같았다.

조순 선생은 이것을 못마땅하게 여기셨다. 왜냐하면 다양성 없이는 창의성을 발휘하기 힘들다고 생각하셨기 때문이다. 물론 오늘날은, 다소 계획성은 떨어지지만, 서울대 캠퍼스에 200동이 훨씬 넘는 다양한 건물들이 많이 들어섰다.

나는 서울대 총장 시절 입시에서 지역균형제를 도입했다. 그것은 한편으로는 학생을 전국에서 골고루 뽑아 지역적 형평을 제고하자는 것이고, 다른 한편으로는 서울대의 학생 구성을 다양하게 하고자 만든 제도다. 한마디로 1석 2조—石二鳥를 하자는 것이다. 그 아이디어는 오래전부터 마음에 품고 있었다.

내가 학생 때 하루는 조순 선생이 우리 과, 우리 학년의 출신 고교 구성이 어떠냐고 물으셨다. 나는 '50명 가운데 A고 출신이 17명, B고 출신이 5명, C고 4명, D고 4명 … 일 것'이라고 말씀드렸다. 또한 한 고교에서 한 명씩 들어온 학생이 12명이라고 말씀드렸다. 그랬더니 "학생 구성이 더 다양하면 좋겠다"고 말씀하셨다. 구성이 다양하면 새롭고 창의적인 생각이 더 많이 나올 거라는 취지였다.

나는 총장에 취임하자마자 서울대 전체 학생 구성을 알아보았다. 100명 가운데 서울 학생이 42명, 그 가운데 강남 출신이 26명이었다. 순간 나는 국립 서울대가 서울 '시립대'처럼 되면 어떡하나, 아니 강남 '구립대'처럼 되면 어떡하나 걱정했다.

우여곡절 끝에 전국의 고교 교장선생이 3명 이내로 졸업생을 추천하고(약 5천 명) 그 가운데에서 1, 200명 정도 뽑으면(참고로 서울대 1학년 학생은 내가 총장을 맡기 바로 전 4, 310명에서 그만두기 바로 전 3, 440명으로 줄어들었다) 학생 구성이 다소나마 다양해질 것으로 생각했다. 그러한 취지로 지역균형제를 도입한 것이었다.

서울 강남의 학부형들로부터 많은 비판을 받았으나 지역균형

서울대 총장 재임 시절 나는 조순 선생의 가르침을 따라 걷고자 했다.
지역균형선발제 등 다양성을 높이고자 고민을 거듭했다.

제는 성공적이란 평가를 받아 왔다. 그 아이디어는 원천적으로
따지면 조순 선생의 가르침에서 나온 것이다. 사실 미국의 유수
대학에서는 거의 모두 지역, 인종, 계층 균형을 염두에 두고 학
생을 선발한다. 계층균형제까지 도입하고 싶었지만 지역균형도
반대하는 사람들의 동의를 받기는 불가능해 보여 포기했다.

　나는 지금도 지역균형제에 대해 자부심을 느낀다. 빨주노초파
남보 일곱 가지 색깔이 모인 무지개는 다양한 색들이 어우러져서
도 각각 고유의 빛깔을 잃지 않는 것처럼, 지역균형제로 입학한
학생들은 서울대에서 그들의 꿈을 꽃 피우고 서울대를 더욱더 풍
성하게 빛내고 있다.

# 서울대를 위해 세일즈맨이 되다

대학 총장을 맡고 보니 내가 막연히 상상하던 것과는 달랐다. 서울대 총장은 대한민국을 대표하는 국립대학의 큰 어른이라기보다는 학생과 교직원, 교수들의 성장 발전을 도모함은 물론 불편함을 해결하는 큰 일꾼임을 금방 체감했다. 조순 선생께서 나의 총장 취임사 원고를 두세 번 검토 후 적어 주신 '살신성인'殺身成仁 그리고 '높은 이상과 아울러 겸손한 자세'가 먼저 떠올랐다.

내가 총장 일을 시작하고 나서 처음 부닥친 몇 건의 '사건'이 있었다. 하나는 1천 명 교수의 서명을 들고 서울시장을 방문한 것이고, 또 하나는 삼성그룹의 이건희 회장을 만난 것이다. 또 다른 하나는 관악구청을 '진정한 이웃사촌'으로 만든 것이었다.

총장 선거 전부터 일단의 교수들은 다음 총장, 즉 총장 당선자는 대학 정문 앞에 들어설 예정인 150m 이상 길이의 고가도로 건설 계획을 중단케 하고 대신 지하 노선을 만들 것을 서울시에 건의하라고 주문하였다. 마침 서울시는 남부순환도로가 강남 교통을 다 수용하지 못하자 강남순환도로를 건설하려고 하였다. 그리고 건설비를 줄이려고, 관악산을 지하로 뚫은 뒤 강남순환도로가 서울대 정문 앞을 지나게 할 예정이었다.

그러나 세계 유수 대학 바로 앞에 150m가 넘는 길이의 고가 도로가 있는 곳이 어디에 있을까? 총장에 정식으로 임명되자마자 나는 1천 명의 교수 서명을 갖고 이명박 시장을 방문하였다. 시장은 그 자리에서 서울대 앞 고가도로 건설 재고를 약속했다. 참으로 시원하였다. 그래서 초면인데도 호감이 갔다.

그 후에도 서울시가 서울 시내의 대학에 장학금과 연구비를 많이 대주었다. 어느 대학이나 의대, 공대, 경영대, 그리고 전문대학원 등도 연구비가 넉넉하지 않지만 인문대, 사회대, 자연대 등 기초학문 분야들은 연구비가 정말로 부족하다는 말을 듣고 이명박 시장이 결심한 데 따른 것이다. 고마운 일이었다.

초임의 서울시장이 부임 한 달 만에, 그리고 역시 초임의 서울대 총장이 취임 2주일 만에 가까워지는 계기가 되었다.


취임식 후 얼마 안 되어 삼성그룹 회장실에서 부부동반으로 만나자는 제의가 왔다. 전혀 예상치 못한 일이었다. 그럼에도 감사한 마음으로 나는 아내와 함께 한남동 회장 댁으로 갔다. 이건희 회장, 홍라희 여사, 이재용 전무 그리고 이학수 부회장이 우리를 기다리고 있었다. 나는 이들 중 어느 누구와도 일면식도 없었다. 뿐만 아니라 나는 그동안 꾸준히 재벌개혁을 부르짖지 않았던가. 삼성 재벌도 예외가 아니었다. 특히 삼성의 자동차 산업 진출에 비판적이었다.

식사가 끝나고 다과를 하는 자리에서 이 회장은 앞으로 서울대를 어떻게 끌고 나갈 것인지 물었다. 나는 소수정예주의, 다양성 추구, 기초학문 강화, 호연지기浩然之氣 배양, 대내외 개방 등을 통해 서울대를 세계적인 대학으로 만들고 학생들을 용지불갈한 인재로 키울 계획이라고 대답하였다.

그러자 이 회장은 그렇게 일을 많이 하자면 돈이 필요하지 않느냐고 물었다. 나는 1년에 500억 원씩 4년만 도와주면 계획에 차질이 없을 것이라며, 돈이 다가 아니지만 돈이 없으면 아무것도 할 수 없다고도 하였다. 게다가 그 돈은 서울대를 좋게 만들 것이나 서울대가 좋아지면 서울대만 좋은 게 아니고 삼성에 좋은 인재를 보낼 것이고 결국 국가에 큰 도움이 될 것이라고 역설하였다.

한 2년간 삼성으로부터 아무런 소식이 없었다. 그러다 이학수 부회장이 나에게 만나자고 하더니 2년 전 부탁한 돈이 다 필요하냐고 물었다. 나는 통이 작아 크게 말하지 못했지만 실제로는 계획을 실천하는 데 1년에 1천억 원씩은 필요하다고 맞받았다. 이 부회장은 삼성이 그간 정치권에서 있었던 사건으로 회사가 시끄러웠을 뿐만 아니라 회사 실적도 나빠져서 내가 요청한 돈을 다 주기는 어렵다고 하였다. 나는 그렇다면 회사 사정에 맞게 도와달라고 하였다. 결국 내 임기 중 삼성으로부터 용도를 자유롭게 정할 수 있는 현금으로 500억 원을 기증받았다.

이에 더하여 삼성은 내 재임 중에 기존의 공과대학 해외영재 프로그램에도 대폭적인 지원을 계속하였다. 이 프로그램은 러시아, 인도, 베트남, 중국 등지에서 유학생을 유치하여 교육한 다음 졸업 후에는 자국으로 귀국하건, 제3국으로 유학 가건, 또는 삼성전자에서 일하건 학생에게 선택하도록 하는 것이었다.

또한 삼성은 미술관 건축에 170억 원 상당, 호암 교수회관 증개축에 70억 원 상당 등 현금과 현물을 합쳐 약 1천억 원에 가까운 기부를 하였다. 참으로 고마운 일이다.

이것을 시작으로 나는 재임 중 현금만으로도, 삼성으로부터의 500억 원을 포함하여, 1,600억 원을 모금하였다.

그 돈은 다른 사업과 함께 오랫동안 생각해 오던 교수 복지, 대학원생 복지를 위해 썼다. 교수들은 정교수, 부교수, 조교수 구별 없이 정액연구비를 1인당 1년에 360만 원씩 3개년 계획으로 결국 1,080만 원씩 올려 주었고(이것은 오늘날까지 계속되고 있다), 대학원생들은 교수 1인당 학생 1명에게 등록금과 월 60만 원씩을 주었다. 그에 더하여 직원들에게도 큰 규모는 아니지만 봉급을 인상해 주었다.

또한 기존의 낡은 60가구의 교수 아파트와 총장 공관을 부수고 320억 원을 들여 250여 가구의 교수 아파트와 총장 공관을 새로 지었다. 내가 신입생 때 나중에 총장이 된 최문환 교수가 사회과학개론을 가르치시면서 '돈 없으면 학문 못 한다'고 인용한 헤겔의 말을 떠올리며, 조금이라도 연구자들의 복지를 위하려는 생각에서였다.

사실 나는 총장이 된 지 얼마 안 되어 모금 활동을 시작했다. 반응은 좋았다. 취임 첫해에 서울대 최초로 시각장애인이 입학하고 언론에서 이를 크게 보도하자 김재경 인탑스 회장이 장애인을 위한 엘리베이터를 설치하라고 사재私財 3억 원을 쾌척해 준 것이 시초다. 그는 IBK 기업은행이 제정한 기업인 명예의 전당에 최초로 헌액된 기업인이다.

컴퓨터공학연구소와 유전공학연구소를 위해 상공부(신국환 장관)로부터 70억 원을 지원받을 때는 못하던 폭탄주까지 마셨다. 첫 경험이라고 잔을 반씩만 채웠으나 내가 7잔을 마셨다고 소문이 나자 한 신문(〈조선일보〉)은 나를 폭탄주 한 잔에 10억 원을 모금하는 총장이라고 보도하기도 했다.


서울대의 이웃사촌인 관악구청과의 관계 개선에도 힘썼다. 나는 이미 당선자 신분으로 7월 초에 김희철 관악구청장 취임식에 자청하여 참석하였다.

오랫동안 관악구청은 서울대의 각종 건물의 건축허가를 잘 내주지 않았고, 서울대는 관악구청에게 친절한 이웃 노릇을 하지 못하여 서로 사이가 좋지 않다는 소문이 있었기 때문이다. 취임식 좌석을 파격적으로 배치해서 1번 좌석에 김희철 구청장, 2번에 사모, 3번에 (구청장의 모교 건국대 이사장인) 김경희 씨, 그리고 4번에 서울대 총장 당선자인 내가 앉았다.

그 후 나와 김 구청장은 4년 동안 서로 친구처럼 지냈다. 그는 나에게 집 지을 것 없냐고 가끔 물을 정도였다. 나는 불요불급한 건물들을 짓지 않으려고 노력했으나, 미술관, 국제관 등은 예쁘게 지었고 구청은 허가 과정에서 자기 집 짓듯이 도와주었다.

요즘도 김희철 구청장은 내가 주관하는 동반성장연구소 월례 포럼에 자주 참석한다.

# 대학의 자율화가 절실하다

나는 대학 다닐 때부터 조순 선생으로부터 대학의 자율화, 교육의 질의 향상, 그리고 언어의 중요성에 대해 많은 가르침을 받았다. 덕분에 나는 총장 때 이 세 가지를 염두에 두고 서울대를 바꾸려고 많이 노력했다.

대학은 누구를 어떻게 뽑아 무엇을 가르칠지를 스스로 선택해야 한다. 그러나 노무현 정부는 대학입시와 관련하여 3불不 정책을 고수했다. 3불 정책은 본고사 부활 불가, 고교등급제 불가, 기여입학제 금지 등으로 교육의 자율권을 엄금함으로써 교육행정에 재갈을 물리는 부정적인 정책이다.

나중에 나는 국무총리 때 3불 정책에 대한 대안으로 3화化 정책을 천명했다. 고교교육 다양화, 대학 자율화, 학력차별 완화를 권장함으로써 교육에서 적극적이고 능동적인 변화를 이끌어 내려 했다.

노무현 정부는 3불 정책을 고수할 뿐만 아니라 서울대를 아예 없애려 했다. 하나의 방법은, 서울대를 물리적으로 모두 없애려는 것은 아니지만, 학부는 없애고 대학원만 있는 대학원 대학으로 만들자는 것이었다. 나는 세계 어느 나라의 대표적 대학에 학부는 없고 대학원만 있느냐고 반대하였다.

두 번째 방법은 서울대를 비롯하여 모든 국립대학에 번호를 매기고 학생들이 컴퓨터로 번호를 뽑아 대학에 입학케 하자는 것이었다. 그것은 대학의 창의성을 말살시키는 길이다. 프랑스의 파리대학을 본뜬 것이라고들 하지만, 프랑스가 1960년대 후반의 혁명을 겪은 후 내놓은 대학 개혁이 대학을, 그리고 학문을 개선시켰다는 증거는 없다.

내가 서울대를 폐쇄하려는 시도에 반대하고 나서자 정부는 나에 대해 노골적인 압력을 많이 가했다. 두 가지 예만 들어 보자.

황우석 교수가 연예계 스타만큼 인기 있었을 때, 다시 말해 그의 논문이 허위조작이라는 것이 밝혀지기 전에, 청와대는 황 교수의 〈사이언스〉 *Science*에 실린 논문 공동저자들에게 상을 주고 축하하려고 20여 명을 초대했다. 나도 서울대 교수인 황 교수가 소속한 대학의 총장 자격으로 참석했다.

시상 후 점심이 시작되기 바로 전 모두가 좌정하자, 노무현 대통령은 나보고 "총장님은 오늘 여기 왜 오셨습니까?"라고 물었다. 당황한 나는 "저도 잘 모르겠습니다!"라고 응수했다. 옆자리에 앉았던 교수가 재빨리 무언가 메모를 건네자, 노 대통령은

"아까 했던 말은 농담이었습니다"라고 말했다. 나는 "저의 대답도 농담이었습니다"라고 맞받았다.

노무현 대통령의 독특한 화법을 감안하더라도, 참기 어려운 수모였다. 그러나 나는 참았다. 달리 할 말도 없었다.

또 한 번은 내 임기 말이었다. 청와대는 전국의 대학 총장 10여 명을 초대하여 점심을 대접하였다. 식사가 끝난 후 대통령은 한마디 하겠다더니 "대한민국에 비리가 많다. 비리의 원인은 입시에 있다. 잘 따져 보면 대학입시에 있다. 근원적으로는 서울대 입시에 있다. 그런데 서울대가 전국의 수재들을 모아다가 잘 가르치고 있느냐? 세계 대학 랭킹이 싱가포르 국립대학보다도 못하지 않느냐?"며 나를 질책하는 듯했다.

그날 사회를 보던 고려대 어윤대 총장이 나보고 한마디 하라고 했다. 나는 그날은 침묵한다고 했으나 나만 빼고 모두 다 한마디씩 한 후 거듭되는 요구가 있어 이내 한마디 거들었다.

"대통령님, 아이들을 키우며, 야단칠 때보다는 칭찬해 줄 때 공부를 더 열심히 하는 것을 보았습니다. 대학이 잘되려면 대학이 폄하당하는 것보다는 격려받는 쪽이 낫습니다. 앞으로는 질책보다는 칭찬을 많이 해 주십시오!"

나는 계속해서 말을 이었다.

"대통령께서 말씀하시는 대학 랭킹은 런던의 〈더 타임스〉The Times에서 2002년 처음으로 발표한 것인데, 영국이나 영연방국가의 대학교육 서비스를 해외에 수출할 목적으로 매겼다는 합리적 의심을 버릴 수 없습니다. 세계 최고대학 10개 중 4개, 50개 중 20개, 그리고 100개 중 40개는 영국이나 영연방국가의 대학들입니다. 오차범위는 한두 개 대학뿐입니다. 보좌관들에게 체크해 보라고 하십시오."

사실 나는 대학은 투자를 토양으로 그리고 자유를 공기로 크는 것이라고도 말하고 싶었다. 그러나 대통령은 얼굴이 매우 어두워졌다. 나는 더 이상 말문을 닫고 아래만 쳐다보았다. 없었으면 좋았을 광경이었다.


서울대 철폐론과 함께 서울대를 희화화한 사건도 많았다. 내 임기 중 서울대는 1년에 한 번씩 네 차례에 걸쳐 국정감사를 받았다. 첫 번은 서울대에서, 나머지 3번은 국회에서였다. 국회의원들은 국정감사를 통해 자기를 과시하고 유권자들에게 어필하려고 별의별 질문을 다했다. 뿐만 아니라 농담성 질문을 통해 결과적으로 서울대를 희화화한 경우도 있었다.

첫해의 감사였다. 한 의원은 한 20분 늦게 등장해서는 농담성 질문을 하였다. 의도가 무엇이었는지 모르지만 나에게는 농담으로밖에 안 들렸다. 그가 물었다.

"서울대가 관악구에서 제일 좋은 대학이라는데 맞습니까?"

기가 막혔다. 나는 이렇게 대답했다.

"의원님, 관악구에는 신림동과 봉천동, 두 개의 동이 있습니다. 서울대는 신림동에 있습니다. 신림동에서 제일 좋은 대학은 맞습니다. 그러나 봉천동에는 낙성대落星垈가 있습니다. 저는 서울대와 낙성대 중 어디가 더 좋은지 모릅니다. 따라서 서울대가 관악구에서 제일 좋은 대학인지는 따져 보아야겠습니다."

지하철 2호선을 타고 낙성대입구역을 지났다는 시골에서 온 아이가 나보고 "낙성대도 좋은 대학인가요?"라고 물은 기억이 있어 농담조로 대답한 것이었다.

이 해프닝은 서울대 교직원에게 중계 방송되었다. 이 문답을 들은 많은 교직원들은 국정감사의 유용성에 의문을 제기하는 한편, 농담에 농담으로 답한 나에게 응원을 보내 주었다.

다음 3년의 국정감사에서도 국회 교육위원회 위원들은 되지도 않는 질문, 사실과 다른 질문을 참으로 많이 퍼부으며 서울대를 폄훼하거나 정부가 추구하는 서울대 철폐론을 측면 지원하는 질문을 많이 쏟아 내었다. 나는 이들 질문에 선방하고 서울대를 지키는 데 최선을 다했다고 자부한다. 그리고 그것은 대학 자율화를 위한 최소한의 노력이었다.

# 대학의 질 향상을 위하여 힘쓰다

내가 총장으로 재임하는 동안에 서울대는 입학 정원을 4천 명대에서 3천 명대로 천 명 가까이 줄였다. 입학 정원을 줄인 이유는 아무래도 질 좋은 교육은 학생 숫자가 많으면 어렵다고 생각했기 때문이다.

우리나라는 인구가 약 5천만 명이다. 일본은 인구가 약 1억 2천만 명이다. 그런데 도쿄대학의 정원은 3천 명 내외다. 중국은 인구가 13억~14억 명이다. 그런데 베이징대학, 칭화대학도 다 3천 명 정도다. 미국은 인구가 약 3억 2천만 명이다. 그러나 하버드대학은 입학생이 1,600명 정도, 예일대학, 프린스턴대학, 컬럼비아대학은 입학생이 1,300명 정도다.

항간에는 내가 서울대 정원을 줄여 많은 인재들을 포용하지 못하고 서울대 귀족화를 초래했다는 주장이 있다. 등록금 수입이 현격히 줄었다고 비난하는 이도 아직 있다.

그뿐 아니다. 수數가 즉 세勢인데 서울대 힘을 뺐다는 비판도

있다. 그러나 나는 지금도 교육의 질 향상을 고려하면 내 결정이
옳았다고 확신한다.

정원을 줄인 또 하나의 이유는 서울대 말고 고려대, 연세대 등 다
른 유수 대학에게 우수 학생을 일부 양보하자는 뜻도 있었다. 한
때 중앙정부의 경제부처였던 경제기획원, 재무부, 상공부 등에
는 사무관급 이상이 각각 700명 정도 되었는데 서울대 경제학과
와 경영학과 출신을 합하면 각각 200명을 넘는다는 통계가 있었
다. 이 숫자로는 이들 기관의 다양성을 보장하기 어렵다. 특히 이
들 부처의 고위직이 주로 서울대 출신으로 구성되는 것보다는 다
른 많은 유수 대학 출신을 포함하여 다양하게 구성하는 것이 다양
한 의견을 수렴하고 창의성을 제고하는 데 도움이 될 것이다.

다음으로 나는 커리큘럼에 신입생 세미나, 말하기, 글쓰기 코스
등을 개발하였다. 많은 학생들이 대학에 들어와서 무엇을 할 것
인가로 방황하는 것을 막기 위한 신입생 세미나는 한 클래스에
15명을 넘지 않게 하고, 한 주에 한 시간씩으로 1학점을 주되,
교수와 신입생이 긴밀한 대화를 통해 대학과 학문에 대한 오리엔
테이션이 되도록 고안되었다.
　총장인 나도 세미나 코스를 하나 맡으며 나의 일생을 돌아볼 기
회를 가졌다. 학생 때부터 교수, 매니저로서의 총장까지의 여정
을 학생들에게 소개하였다. 나는 그것이 좋은 오리엔테이션이었

다고 생각한다. 나는 그 코스에서 다룬 내용을 기초로 〈가슴으로 생각하라〉(따뜻한손, 2007) 는 책을 펴내기도 했다.

한편 글쓰기・말하기 코스는 현대 사회에서 더욱 커지는 언어의 중요성을 인식한 결과 개설되었다. 경제학자로서 수많은 경제 전문서적이나 논문을 읽고 직접 책이나 논문 그리고 칼럼을 쓰면서 전공자는 물론 대중에게도 쉽고 간결하게 생각과 철학, 혹은 학문의 핵심을 전달하는 언어가 얼마나 큰 힘을 갖고 있는지 체험했다.

　이공계 전공인 애플Apple Inc. 창업자 스티브 잡스Steve Jobs, 마이크로소프트Microsoft Corporation의 빌 게이츠Bill Gates도 풍부한 독서를 자산으로 강조하고, 기업 철학이나 제품 설명을 간결하지만 확실하게 전달했다.

　언어는 사고의 도구다. 사고는 정교한 추론을 가능케 하고, 추론이 모여 사상을 만든다. 또한 사상은 문화를 만들어 낸다. 뿐만 아니라 사회에서 서울대 출신들이 실력에 비해 저평가를 받는 경우가 많고, 그 원인은 표현력 부족이란 인식도 글쓰기・말하기 코스를 만들게 된 이유 중 하나였다.

말하기는 KBS 앵커 출신 유정아 씨를, 그리고 글쓰기는 10여 명의 강의교수를 모셔서 언어교육을 강화했다.

　아무리 전 세계에 영향을 끼칠 연구나 발견을 했어도 그것을 글이나 말로 제대로 전달하지 않으면 상자에 갇힌 보석과 같다. 말하기와 글쓰기는 인문학 전공자뿐만 아니라 이공계 전공 학생들한테도 큰 호응을 얻었다.

또한 이 제도를 도입한 이후 수년 사이에 전국의 많은 대학교에서 말하기와 글쓰기를 교양교육의 핵심으로 개편하는 큰 변화가 있었다. 나는 이런 교육이 분명히 개인, 그리고 우리나라가 성장하는 데 도움을 주고 언젠가 꽃을 피우고 열매를 맺으리라 확신한다.

나는 또 기초교육원을 설립하였다. 그것은 말할 것도 없이 서울대의 기초교육 강화를 위한 취지였다. 우리는 전임교수를 뽑았으며 사우스캐롤라이나대학University of South Carolina 교수를 하던 신의항 교수 등 외국, 특히 미국에서 기초교육에 전념할 교수를 초청하였다. 이 또한 조순 선생이 서울대 총장이 된 제자에게 당부하신 가르침에 따라 "글 잘 쓰고 말 잘하는 능력을 기르는 교육"을 실천한 것이다.

나아가 조순 선생께서 다섯 가지 학문의 요체(〈중용〉 제20장)로 강조하신 박학지 博學之(넓게 지식을 배움), 심문지 審問之(자세하게 의문을 제기함), 신사지 愼思之(신중하게 생각함), 명변지 明辯之(자기 생각을 명확하게 변론함), 독행지 篤行之(독실하게 실행함)의 기본이 되는 도구를 학생들에게 제공하려는 나의 간절함의 발로 發露였다.

# 서울대의 국제화를 위한 노력들

서울대 총장 임기 4년간 나는 해외출장으로 15만 9,112마일의 비행거리를 기록하였다. 왕복으로 하면 31만 8,224마일이다. 그것은 25회에 걸쳐 105일간의 일정이었다. 출장국은 18개 나라였다.

방문한 주요 대학들은 방문 날짜 순서대로 도쿄대학, 옥스퍼드대학, 독일 베를린자유대학, 중국과학기술대학, 국립대만대학, 인도네시아대학, 말라야대학,·태국 탐마삿대학, 하노이대학, 예일대학, 규슈대학, 캐나다 UBC, 멕시코 ITESM, 칠레대학, 홋카이도대학, 엔벤과학기술대학, 엔벤대학, 러시아 극동국립대학, 베이징대학, 체코 찰스대학, 비엔나대학, 프린스턴대학, 중국 푸단대학, 싱가포르국립대학, 일본 히토쓰바시대학, 중국 인민대학, 미국 라이스대학, 텍사스대학(오스틴), 미네소타대학, 미국 칼튼대학, 대만 국립성공대학 등이었다. 두 번 이상 방문한 대학도 한 번만 소개하여 모두 31개 대학이다.

지금 통계를 갖고 있지 않지만 나의 총장 재직 시 서울대를 방문한 외국 대학 총장이나 학자도 과거보다 훨씬 늘었다. 외국 대학과의 교류는 정례 국제회의 참석으로 자연스럽게 이루어진 것도 있다. 그러나 대부분은 따로 계획하여 만든 것이었다. 그것은 일찍이 조순 선생의 가르침의 영향을 받아 외국과의 교류 없이는 세계 속의 일류 대학이 되기 힘들다는 나의 믿음에서 나온 것이다.

이에 보태 우리의 국제화 시도를 부채질한 일이 있었다. 2002년 〈더 타임스〉는 세계 대학 순위를 발표하기 시작했다. 서울대는 부끄럽게도 118등이었다. 앞에서도 말했지만 〈더 타임스〉의 대학 순위는 내가 보기에는, 영국이나 영연방국가의 대학교육 서비스를 수출하기 위한 것 같다. 그렇지만 그 순위는 엄연한 평가의 결과이다. 많건 적건 관심을 갖지 않을 수 없다.

나는 서울대의 순위가 100등도 못 되는데 충격을 받고 대외협력본부를 맡고 있던 노경수 교수에게 런던에 가서 그 이유를 알아보라고 했다. 그 이유는 더 충격적이었다. 〈더 타임스〉 측 인사들 말에 따르면, 서울대가 평판은 아주 높은 것은 알지만 거듭되는 자료 요구에도 사무국이 묵묵 무반응이라는 것이었다.

그 후로는 자료를 열심히 제출하여 내가 총장을 그만둘 때쯤에는 60위 정도로 올랐고, 요즘은 영국의 대학평가기관 QS 순위로 30~40위 정도이다.

첫 방문지인 옥스퍼드대학에 가서는 그곳에서 원하는 주제("글로 벌 시대의 고등교육")로 특별강연을 했고, 서울대와 한국 대학 일 반도 소개했다.

규슈대학 입학식에 가서 축사도 했다. 또 도쿄대학과는 도쿄 대학 입학식에서는 내가, 서울대 입학식에서는 사사키佐々木 총 장이 축사를 하기도 했다. 이때는 동영상을 통한 것이었다. 도쿄 대학과의 교류는 긴밀하였다. 도쿄대학 출신인 박종근 1기 연구 처장의 역할이 컸다. 그 결과 내가 퇴임할 때쯤에는 도쿄대학에 서 보관하고 있던 〈조선왕조실록〉(오대산 월정사본)을 돌려받기 도 하였다.

그리고 퇴임 후에는 내가 도쿄대학 총장 글로벌자문회의 자문 위원으로 2006년부터 20년까지 15년간 도쿄대학의 발전방안 논 의에 참여하였다. 그때 가장 뜨거운 주제는 여러 측면에서의 다 양화였다. 다양화는 창의성을 제고하기 때문이다.

러시아 극동국립대학은 나에게 국제교육학 명예박사학위를 주었 다. 아시아태평양연안 대학연합회APRU 정례회의가 열린 칠레대 학에서 만난 쿠릴로프Kurilov 총장의 배려로 이루어진 것이었다.

그는 블라디보스토크 공항에 직접 나와 나에게 물었다. "당신 에게 미리 말도 없이 김일성대의 성자립成自立 총장을 초청했는데 만나겠냐?"고 하기에 나는 "못 만날 이유가 없다"고 했다. 그는 성 자립 총장에게도 내가 온다는 말은 안 하고 초청했다고 한다.

러시아 극동대학 명예박사학위 수여식 (2004).
왼쪽부터 성자립 김일성대 총장과 쿠릴로프 극동국립대학 총장, 나.

　학위 수여식을 전후하여 나는 여러 번 서울대와 김일성대가 학
술교류를 하자고 제안하였다. 매번 성 총장의 대답은 똑같았다.
"조국 통일에 도움만 된다면 무엇은 못 하겠습니까?"였다. 그 후
성자립 총장은 한국 정부 초청으로 서울에 왔다. 짧게나마 다시
한 번 만날 수 있어 좋았다.

미네소타대학은 1950~60년대에 미 국무성 자금을 지원받은 미
네소타 프로젝트The Seoul National University Cooperative Project로 수많
은 서울대 교수를 미국으로 초청하여 연수시켰다. 이 프로젝트
는 서울대에게는 소중한 도약의 계기가 되었다. 그때 총책임자
가 골트Neal Gault, Jr. 박사였다. 나는 권이혁 전 총장의 강력한 추
천으로 그에게 명예박사학위를 수여하였다(내 임기 중의 다른 수

상자는 소설가 박완서 선생, 지휘자 펜데레츠키Krzysztof Penderecki, 그리고 경제학자 고故 박성용 박사였다).

나는 칼튼대학에 특강하러 가는 길에 미네소타대학을 방문하고 골트 박사를 만나 미네소타 프로젝트에 대해 고마움을 표시하였다. 골트 박사와 미네소타대학의 노교수 부부들은 우리들이 미니애폴리스에서 마련한 조촐한 만찬에 눈물을 흘리며 이런 일은 처음 맞는 것이라고 좋아하였다.

내 임기 마지막 해인 2006년 초에는 코피 아난Kofi Annan UN 사무총장이 프린스턴에서 주최한 미국 동부 대학 총장들의 글로벌 콜로키움에 초대받았다. 모교인 프린스턴대학 셜리 틸먼Shirley Tilghman 총장의 특별한 배려 덕분이었다. 거기서 세계 정세, 세계 대학 등에 관해 다양한 사람들의 다양한 견해를 들었다. 매우 유익한 모임이었다.

이와 같이 학교 간의 유대도 강화하고 또 교수나 학생들의 교류도 주선하였다. 예일대학과는 'SNU at Yale Program' 협정을 체결했고, 프린스턴대학과는 어학연수 교환 프로그램을 만들었다. 다만 프린스턴대학과의 교환 프로그램은 두 대학 간 세부적 의견 차이로 시작된 지 얼마 후 아쉽게도 중단되었다. 학문의 교류만이 아니라 문화 교류는 우리 학생들에게 더 넓은 세상을 열어 주는 기회를 주었다고 믿는다.

대학교 차원에서 이루어진 것은 아니었으나, 자연과학대학과

공과대학은 각각 오세정 학장(현재 서울대 총장)과 김도연 학장(나중에 교육부 장관)의 주도로 외부평가단external review committee을 구성하여 서울대의 자연과학 및 공학의 연구 및 교육 현실을 점검하였다. 이들은 이구동성으로 서울대는 교수나 학생이 다 우수하지만 봉우리가 없다며 연구자의 핵을 형성하라고 조언하였다. 훌륭한 시도였다고 생각한다.

# 지역연구를 위한 기틀을 마련하다

총장 재임 중에 내가 이루어 놓은 것 가운데 흐뭇한 것이 또 있다. '통일평화연구원' 설립이다. 통일도 연구하고 평화도 연구한다는 취지에서 통일평화연구원으로 명명했다.

남북이 70년 이상 분단되어 있으면서도 북에 대한 연구 또는 남북관계 연구가 부족하고, 특히 서울대에서 평화 또는 통일연구가 본격적으로 그리고 가시적으로 이루어지지 않는다는 것이 마음에 걸렸다.

물론 서울대에도 남북문제를 다루는 기구는 있었다. 그러나 체계적인 연구는 이루어지지 않았다. 나는 통일평화연구원을 설립했을 뿐만 아니라 그 후 10년간 연 10억 원씩 예산을 배정하도록 하였다. 이때 김종인 박사로부터 여러 가지 조언을 들었다.

또한 나는 중국연구소와 일본연구소를 설립했다. 일본연구소는 일부 민족주의적 교수들의 반대가 있었다. 도쿄대학에 한국연구소가 없다는 게 이유였다. 나는 일본연구소는 일본을 위한 게 아니라 우리를 위한 것이라며 그들을 설득하였다. 그리고 지역연구원을 국제대학원으로 확대 개편하였다.

이러한 지역연구소 설립과 지역연구 활성화를 통해 서울대는 학문의 폭을 넓히고 그 깊이를 한층 더할 수 있게 되었다. 지리 · 역사 · 사회 · 경제 · 정치 등 다각도의 접근을 통해 한국을 넘어 더 넓은 세상을 연구하면서 깊이 있는 학문적 통찰을 얻을 수 있는 장이 마련된 것이다.

# 총장 임기를 무사히 마치다

나는 4년의 총장 임기를 마치고 2006년 7월 19일 총장실을 떠났다. 5명의 민선 총장 가운데 처음으로 임기를 마쳤다. 정부가 총장을 임명했을 때까지 합쳐도 임기를 마친 총장은 몇 명 안 되었다.

내가 소임을 마치고 총장직에서 물러날 수 있었던 것은 여러 가지 위기와 외풍 속에서도 서울대 구성원들이 단결하고 도와주었기 때문이다.

사실 서울대라는 조직은 1,800명 교수 한 분 한 분이 각계의 전문가요, 이론가이기 때문에 아무리 사소한 변화라도 어느 것 하나 그냥 넘어가는 법이 없었다. 1,800명이 모두 학장이요, 총장인 셈이다. 다른 구성원들도 만만치 않다. 학생회도 있고 노조 등 교직원들의 모임도 많다.

학과 간, 대학 간의 화합, 교수와 학생 간의 화합, 그리고 교수들과 교직원들과의 화합은 내가 이룬 성과 가운데 하나다.

고맙게도 직원 노조에서는 미니 냉장고를 퇴임 선물로 주었다. 총장실을 떠나면서 아무것도 가져오지 않았지만, 그 냉장고는 총리로 지명된 뒤 사회과학대학 경제학부 연구실(16-636호)을 떠날 때까지 내 책상 바로 옆에 놓여 있었다. 연구실에 찾아온 손님에게 음료수를 꺼내 줄 때마다 화합의 소중함을 상기시켰기 때문이다.

임기를 마무리하면서 선거 당시 내건 공약들을 다시 짚어 보니 미완으로 남은 사항은 별로 없었다. 겉으로 드러난 실적만 따지더라도 당초의 약속 그 이상이었다. 내심 흐뭇했다.

특히 최초로 시각장애인 입학을 허용한 것이나 몇 개의 건물에 지체장애인용 엘리베이터를 설치한 일 등은 미흡하나마 학내 구성원의 다양화와 서로 간의 이해의 폭을 넓히는 계기를 마련했다는 점에서 뿌듯했다.

총장을 그만둘 때쯤 〈서울대 동창회보〉(2006. 7. 15)는 제1면에서 나에 대해 "지성의 권위 지키고 빛냈다"고 평했다. 내 일생에서 가장 자랑스러운 순간이었다.

어릴 때부터 옛 문리대 철조망 너머로 교수들의 강의 모습을 바라보며 막연히 서울대를 동경하던 초등학생이 마침내 서울대 학생을 거쳐 교수가 되고 총장 일까지 열심히 했으니 더 바랄 게 없다는 느낌이었다.

총장직을 마칠 즈음 〈서울대 동창회보〉의 1면 기사 (2006. 7. 15).

# 3장

# 정치의 세계에
# 근접하다

# 나는 정치와 잘 맞지 않는다

나는 지난 2007년 정치로 홍역을 앓았다.

연초에 조순 선생이 나를 부르셨다. 구기터널 부근에 선생이 회장으로 계신 한국고전번역원으로 찾아갔다. 선생은 나보고 정국에 대해 어떻게 생각하느냐고 물으셨다. 무슨 말씀이냐고 여쭈었더니 A가 대통령 되는 것을 어떻게 생각하느냐고 물으시기에 원하지 않는다고 하였다. 그러면 B는 어떠냐고 하셨다. 역시 아니라고 말씀드렸더니 나보고 정치, 더 구체적으로 대통령 출마를 안 하겠느냐고 물으셨다.

나는 전혀 생각해 보지도 않았고 또 정치적 능력이 없다고 말씀드렸다. 그랬더니 선생은 진지하게 되물으셨다.

"공부는 뭘 하러 했나? 사회에 봉사하려고 한 것 아닌가?"

스승의 말씀을 거역하기도 힘들고 또 정치에 입문하기도 겁이 나서 고민에 빠졌다. 그로부터 10년 전 선생이 대통령에 출마하시는 걸 완곡하게 말린 나에게 대선에 출마하라고 하시니 참으로 당혹스러웠다. 그래서 나는 "생각할 시간을 주십시오"라고 말씀드리고 헤어졌다.

며칠 후 이번에는 김종인 박사가 나에게 대통령 출마를 권유했다. 나의 대답은 조순 선생께 한 것과 같았다. 일생 동안 대학 밖으로 나가본 적 없는 사람이 정치에 진출하는 것은 무리라고 생각한다고 대답하였다.

그랬더니 김 박사는 서울대 총장 잘 해낸 사람이 무엇을 못 하겠냐면서 내가 노무현 대통령의 서울대 철폐론에 대항하며 대학 자율성을 위해 싸우는 모습에서 유능한 정치인의 모습을 볼 수 있었다고 했다. 특히 대통령과의 싸움에서 노련한 히트 앤드 어웨이 hit and away 전법이 돋보였다는 게 일반인들의 평이라며 한번 해보라고 적극적으로 권하였다.

역시 시간을 두고 생각해 보겠다고 했지만, 그것은 못하겠다고 하기가 미안해서 한 말이었다.

그리고 그해 1월 중순경 나는 영국을 방문하였다. 케임브리지대학이 주최한 "중국, 인도 및 한국에서의 R&D"라는 제목으로 열린 국제 콘퍼런스에서 서울대 총장을 지낸 나에게 주제 강연을 해달라는 수개월 전의 요청에 따른 것이었다.

이 국제 콘퍼런스에 참여했던 많은 한국경제 관찰자들은 한국은 연구 및 개발R&D 지출은 많으나 주로 D에 치중하였고 그나마 이루어진 R도 research라기보다는 refinement에 불과하다고 평가하였다. 그러면서 한국의 지속적 성장을 위해서는 D에서 R로의 전환, 특히 refinement에서 진정한 R로의 전환이 필요하다고 했다. 또한 대부분의 연구가 하향식top-down이고 상향식bottom-up 접근은 많지 않다고 비판하였다.

콘퍼런스를 마치고 런던으로 돌아와 시내를 걷다가 우연히, 정말로 우연히 옥스퍼드가Oxford Street에서 당시에는 사회운동가였던 박원순 전 서울시장을 만났다. 그는 옥스팜Oxfam 국제회의에 참석차 영국을 방문 중이었다고 했다. 만나자마자 그는 고건 씨가 대선 출마를 포기했다며 나보고 대신 한번 도전해 보라고 하였다. 진정성 있는 말로는 안 들렸다.

그러나 그로부터 한 달 전이던 2006년 12월에 김정훈 의원 등 몇몇 정치인들이 매스컴을 통해 나를 차기 대선의 강력한 잠재적 후보라고 거론한 적이 있었던 것을 생각하면 전혀 실없는 말만은 아닌 듯했다.

귀국 후 2월 초 다시 조순 선생과 김종인 박사를 따로 만났더니 적극적으로 출마를 권유하셨다.

나는 정치적 상상력도 부족할 뿐만 아니라 비전도, 조직도, 돈도 없어 난감하였다. 그러나 어른들의 말씀을 전적으로 거절할 수 없어 12월 선거까지는 시간이 많으니 두세 달 동안 전국, 특히 전국의 대학을 돌아다니며 민심을 파악해 보겠다고 말씀드렸다.

사회에서 만난 몇몇 후배들이 강의 일정을 짜 주고 또 강의 내용에 대해 조언도 해 주었다. 평소 친분이 있던 고등학교 선후배인 정대철 의원과 유인태 의원이 격려해 주기도 하였다.

언론은 나의 강의 투어를 '특강 정치'라며 크게 보도했다. 그러나 나는 내 강의가 정치적 메시지를 담아야 할 텐데 교수할 때의 모습과 별반 다르지 않아 매력적이지 않다고 생각하였다.

뿐만 아니라 흑색선전matador이 무수히 많았다. 그중 가장 황당했던 것은 내가 혼외 자식이 있다는 것이었다. 아들인지 딸인지 성별도 모르지만 언론가와 증권가에 나도는 이른바 '찌라시' 정보에서 회자된다고 했다. 나는 억울해서 누구와 잠을 자야 애가 생기는 게 아니냐고 했지만, 한번 번진 소문이 순식간에 사회, 특히 기자 사회로 퍼지는 걸 막기는 힘들었다.

그래도 전국의 10여 개 대학을 다니면서 한국경제에 관한 강의를 통해 나 자신을 그리고 한국경제의 현실과 당위를 세상에 알리는 것은 보람 있었다고 생각한다. 서울여대에서는 어떤 학생이 나와 경제 대통령이 되겠다는 이명박 시장과의 차이를 물었다. 이 시장은 '단기맨'short-term man이고 보다 현실적이나, 나는 '장기맨'long-term man이고 보다 이론적이라고 솔직하게 답하기도 하였다.

나는 숙고 끝에 4월 30일에 대선 출마를 안 하겠다고 선언했다.

서울 정동의 세실극장에서였다. 사진기자를 포함하여 100여 명은 됨직한 기자단이 나타나 예상 밖의 일이라며 기사를 송고하였다.

출마를 선언한 일도 없으면서 안 나오겠다는 말은 왜 하느냐며 흉보는 사람도 있었다. 나는 비록 공식적으로 출마 선언을 한 적은 없지만 적지 않은 사람들이 나의 대선 출마를 기정사실로 알고 있는 마당에 출마 의사가 없음을 세상에 알릴 필요가 있다고 생각하였다.

내가 결정적으로 대선 출마를 접은 것은 짧은 시간이나마 정치의 세계에 들어가 보니 '세상에 비쳐진 나'는 '진짜의 나'와 너무 달라 내가 정치를 통해 나 자신을 망칠 것 같은 두려움 때문이었다.

그날로부터 며칠 전 나는 조순 선생과 김종인 박사에게 드리려고 편지를 썼다. 내가 대선 행보를 포기하려는 이유를 설명드리고 동시에 그간 두 분 덕에 세상 경험을 많이 할 수 있어 고맙다는 말씀을 드리는 편지였다.

김종인 박사에게 드리는 편지는 시내에서 조찬을 함께하며 전달했다. 김 박사는 내 결정에 아쉬워하면서도 담담하려고 애쓰는 모습을 보이셨다.

조순 선생께는 댁에 가서 전달하려 했다. 그러나 실망하실 모습을 뵙기가 두려워서 선생이 댁에 안 계셔 사모께 드리거나 사모도 안 계시면 우편함에 넣고 오면 좋겠다고 생각했다. 마침 댁에는 아무도 안 계셨다. 나는 편지를 우편함에 넣고 왔다. 며칠 후 전화를 걸어 죄송하다는 말씀만 드렸다.

나는 '특강 정치' 기간 중 세상이 나를 너무 모르는 것으로 생각되어 그해 가을 자전적 에세이인 〈가슴으로 생각하라〉를 펴냈다. 한 권을 조 선생께 우편으로 보내드린 후 전화를 하였는데, 얼핏 "나는 자서전 같은 것은 안 쓰네!"라는 말씀을 들은 기억이 난다. 나의 불출마 선언을 꾸짖은 것으로 들렸다. 그 후 선생을 뵐 용기를 내지 못했다.

그러나 대선이 끝나고 이명박 대통령이 취임한 후인 2008년 봄 어느 날 조순 선생이 전화를 거셨다. 댁에 잠깐 놀러 오라는 말씀이셨다.

2007년 봄 후 1년간 뵙지 못한 터에 너무 뵙고 싶어 빨리 달려갔다. 선생은 느닷없이 나보고 미안하다고 하셨다. 왜 대선을 포기했는지 설명이 통 없어 궁금하던 차에 사모께서 1년 전에 우편함에서 내 편지를 꺼내 선생 책갈피에 꽂아 두었던 것을 그날에야 알게 되었다는 말씀이었다.

조순 선생은 준비하신 포도주 한 병을 같이 마시자고 하셨다. 선생과 나는 1년간 만나지 못한 회포를 풀며 한 시간 이상 이 말씀 저 말씀 나누다가 헤어졌다.

선생이 낮에 나를 댁으로 부른 것도 처음이거니와, 낮에 포도

주를 둘이 마신 것도 처음이었다. 하여튼 편지 사건이 풀리면서 나의 불출마 변명도 시효가 지나 다시 할 필요가 없어졌다. 모처럼 무거운 짐을 내려놓은 듯 몸과 마음이 편안해진 아주 기분 좋은 하루였다.

# 총리 자리를 수락한 이유

나는 2009년 9월 29일부터 이듬해 8월 11일까지 약 1년간 국무총리로 일했다. 1948년 대한민국 정부가 수립된 이래 40번째 총리다. 나는 총리직을 제안받았을 때도, 총리를 할 때도, 그리고 총리를 그만둘 때까지도 조순 선생께 자문을 구했다. 자주는 아니지만 중요한 의사결정은 선생께 여쭙고 결정했다.

나에게 국무총리로 일해 달라는 제의가 온 것은 2009년 8월 하순이었다. 당시 우리나라가 처한 상황은 국내외적으로 심각한 위기 국면이었다. 150년의 역사를 자랑하는 리먼브라더스Lehman Brothers Holdings, Inc.가 하루아침에 파산하여 전 세계 금융회사들을 연쇄부도의 공포에 빠뜨린 지 1년도 채 안 되던 때였다. 또한 남미로 유럽으로 금융위기가 퍼져 나가, 국가부도 사태가 나날이 가시화되고 있었다.

우리나라 역시 예외가 아니었다. 세계경제를 강타한 금융경색이 언제 우리 경제를 집어삼킬지 몰라, 한 치 앞을 내다볼 수 없는 형국이었다. 1997년 외환위기를 이미 겪은 터라 심리적 타격은 더욱 컸다. 일부 대기업들은 수십조 원씩 사내유보금을 쌓아놓고도 투자를 미루고 있었다. 대기업과 중소기업 간 격차는 물론이고, 계층 간 양극화도 심각했다.

청년실업에 불경기가 겹쳐 경제가 흔들리다 보니, 어느 것 하나 제대로 굴러가는 것이 없었다. 미국산 쇠고기 수입파동이 가라앉기도 전에, 재개발 반대시위를 진압하는 과정에서 사상자가 발생해 정치는 '용산 참사'에 발목이 묶여 있었다. 쌍용자동차 강경 진압이 또 다른 불씨가 되어 사회는 비등점으로 치달았다. 독도 문제로 한일 관계는 실타래처럼 꼬이고, 북한은 미사일을 발사해 남북관계도 극도로 긴장이 고조되었다. 문자 그대로 내우외환內憂外患이 산적해 있었다.

이명박 대통령은 2007년 대선에서 500만 표가 넘는 압도적 표 차이로 승리를 거두었다. 또 한나라당은 반년 만에 치러진 총선에서 너끈히 과반을 확보했다.

그러나 잇따라 닥치는 시련 앞에서 매번 대응 기회를 놓쳐 국민을 실망시키고, 뒤이어 내놓은 정책은 부처 간 엇박자로 국민을 분노케 했다. 대통령 지지율은 하락을 거듭했다. 2009년 8월 말 이명박 정부 출범 1년 반 만에 국민들은 벌써 피로감을 느끼고 있는 게 역력했다.

그때 서울대 행정대학원 교수 출신인 정정길 대통령 실장을 통해 같이 일하자는 제안이 왔다. 나는 당장 거절하기 미안해 "준비가 안 되었습니다. 그러나 시간을 주십시오. 신중히 고민해 보겠습니다"라고 답하였다.

그 제안이 있기 며칠 전에도 이 대통령을 가까운 곳에서 보필하는 곽승준 고려대 교수가 긴히 상의할 일이 있다며 연구실을 방문했다.

"대통령께서 항상 관심을 갖고 계십니다. 꼭 좀 도와주십시오."

지난 정부들에서도 몇 차례 공직을 제안받았고, 그때마다 정중하게 거절해 온 나로서는 새삼스러울 것도, 탐탁할 것도 없는 요청이었다.

저녁 자리에서 조심스럽게 이야기를 꺼내자, 아내나 자식들 모두 반대했다. 표현은 완곡했으나 같은 길을 걷는 후배 교수들도 걱정이 앞서는 것 같았다.

총리는 정치인은 아니지만 정치에 영향을 미치기도 하고 또 정치로부터 영향을 받기도 하지 않는가? 수락과 거절 사이에서 번민을 거듭했다. 그래서 조순 선생에게 나의 진로를 여쭈어 보았다. 선생은 흔쾌히 가라고 하셨다. 아주 강한 톤은 아니었지만 말이다. 서울대 총장과 국무총리를 모두 역임하신 이현재 선생께도 여쭈었다. 이 선생은 적극적으로 가라고 권하셨다.

나는 며칠 고민한 끝에 국무총리직을 받아들이기로 마음먹었다. 이유는 개인적 의무와 시대적 상황, 균형자 역할 등 대략 세

가지였다.

　나는 경제적 형편이 어려운 집안에서 태어났다. 그때는 다들 살림살이가 어려웠다. 하지만 충남 공주가 고향인 우리는 서울로 이사 온 후 내가 초등학교 3학년에 아버지를 잃었다. 양반댁 며느리였음을 자부하는 어머니가 때로는 동숭동 교수 부인들의 각종 자문에 응하였으나 어떤 때는 허드렛일까지 하지 않으면 입에 풀칠할 수 없을 만큼 막다른 골목에 처해 있었다.

　솜씨가 좋은 어머니는 새벽부터 밤늦게까지 삯바느질을 하셨다. 아는 분의 소개로 수도여자의과대학 부속병원에서 일거리를 얻어 오시는 날도 있었다. 그러나 50대 여인이 할 수 있는 병원 일감이란 침구 빠는 것을 제외하고는 별다른 것이 없었다. 수입은 보잘것없었으나 일감은 늘 넉넉해서 손이 달리는 날이면 이웃들에게 일을 나누어 주시기도 했다.

　홀어머니가 생계를 꾸려 가시는 집안에서 낭만적인 꿈을 꾼다는 것은 허영이자 사치였다. 그러나 옆방에서 자취하던 서울대 다니는 형들과 숙명여대 다니는 누나들의 경험담을 들으며, 나는 대학 생활에 대한 막연한 동경과 꿈을 키워갔다.


우리들은 종로구 동숭동에서 6식구가 한 칸짜리 방에 세 들어 살았다. 해마다 월세를 올려 달라고 해서 130번지 20호, 40호로 옮기다가 결국은 한 대문 안에 7가구가 사는 판잣집에 정착하였다. 그곳은 낙산동 2번지로 그야말로 빈민촌이었다.

미국 원조물인 옥수수 가루로 만든 떡 또는 죽을 아침저녁 먹다 보니, 학교에 도시락을 싸갈 수가 없었다. 가난은 내가 대학을 졸업하고 잠깐 취직했을 때까지 우리 식구들을 따라다녔다. 그러나 어머니는 매일 아침 소박한 기도로 하루를 시작하셨다.

"자식들이 남에게 폐 끼치지 않고 살게 해 주십시오."

어려운 형편에도 내가 학업에 흥미를 가지고 정진할 수 있었던 것은 스코필드Frank W. Schofield 박사의 도움이 있었기 때문이다.

스코필드 박사는 3·1 독립만세운동을 이끈 민족대표 33인에 더하여 3·1 운동을 세계에 널리 알린 공로로 제34인이라고 불리는 영국 태생 캐나다인이다. 내가 중·고등학교 다닐 때 등록금을 해결해준 분이다. 그분이 안 계셨다면 나는 초등학교 졸업 후 취직했을 것이다.

한국과 한국인을 사랑하셨던 스코필드 박사는 석호필이라는 한국식 이름을 무척 마음에 들어 하셨다. "돌 석石은 철석같이 굳은 의지를 나타내고, 범 호虎는 범같이 무서운 사람이라는 것을 보여 주며, 도울 필弼은 알약을 의미하는 영어의 필pill과 발음이 같아서 의학을 공부하고 있다는 뜻이다"라며 기회가 있을 때마다 당신의 한국어 이름을 자랑하셨다.

말씀 그대로 그분은 약자에게는 비둘기처럼 부드러우나 강자에게는 범처럼 강인한 분이었다.

나와 대화할 때 스코필드 박사는 영어를 즐겨 쓰셨다. 영어로

스코필드 박사는 한국 독립과
발전에 크게 기여한 공로로
대한민국 건국훈장을 받았다.

말하고 듣는 연습을 시키겠다는 그분의 배려였다. 그분을 만나
면 주로 영어로 대화해야 했기 때문에 나는 중학교 때부터 영어
시간에 배운 것들을 하나도 빼놓지 않고 곱씹으며 복습했다.

그분 덕분에 영어 공부에 흥미가 생기면서 영어의 묘미는 단어
하나하나가 아니라 문장에 있다는 것을 깨달았다. 가슴에 와닿는
문장을 통째로 외우고 그것을 스코필드 박사와의 대화에서 응용
하려고 애썼다. 스코필드 박사의 제안에 따라 고등학교 때 성경
반을 만들어 활동한 것도 영어와 빨리 친숙하게 된 계기였다.

스코필드 박사는 중학교 때는 등록금을 모두 대주셨으나 고등
학교 때는 입학금을 마련해 주신 뒤, 경기고 교장선생에게 장학
금을 받을 수 있도록 주선을 부탁하셨다. 나는 시험을 쳐서 서울
시청에서 주는 장학금을 받아 등록금 문제를 해결했다.

스코필드 박사(가운데)와 경기고 성경반의 만남.
김근태(2열 왼쪽 두 번째), 나(2열 왼쪽 세 번째), 이각범(2열 왼쪽 네 번째), 김희준
(1열 왼쪽 첫 번째), 방대현(1열 오른쪽 첫 번째), 김윤수(2열 오른쪽 첫 번째) 등이 함께했다.

그리고 추가적 학비 마련을 위해 과외지도를 받을 학생을 찾았
다. 1학년 때는 서울사대부국 4학년 학생의 산수 공부를 도와주
었다. 시간제 가정교사로 매일 가서 가르쳤으나 월급에서 학비
와 용돈을 빼면 집안 살림에 보탬이 될 정도는 아니었다.

2학년에 올라가면서 나는 학생의 집으로 들어가 생활을 함께
하는 입주 가정교사 일을 시작했다. 빡빡한 일정이었다. 오후 5
시 30분 귀가, 6시까지 경기중 1학년생과 캐치볼 catch ball을 한 후
식사, TV 뉴스 시청에 이어 2시간씩 영어·수학을 가르쳤다. 따
라서 내 공부할 시간은 별로 없었다. 한 달에 3천 원을 받았으니
조건이 나쁜 것은 아니었다. 또한 아버지가 돌아가신 후 처음으

로 점심 도시락을 먹어 보았다. 소액이지만 어머니에게 돈도 갖다 드렸다. 이 생활은 대학 입학 때까지 계속되었다.

1966년 대학에 입학하여 경제학을 전공하게 되었을 때, 이번에도 경제적 어려움을 극복할 수 있도록 앞장서 주신 분은 스코필드 박사였다. 내 입학 성적을 알아본 스코필드 박사는 상과대 학장을 찾아가 나에게 장학금을 배정해 달라고 요청하셨다.

최문환 학장은 동창회 장학금을 주선해 주었다. 그는 얼마 안 있어 총장으로 임명되었다. 이 책의 앞에서 말한 학장과는 다른 분이다. 당시 동창회장은 박두병 OB맥주 사장이었다. 나는 그것을 계기로 OB베어스(현 두산베어스) 팬이 되었다. 물론 OB베어스가 처음에 내 고향인 충남에 베이스를 두었기 때문이기도 하다.

내가 오늘날 여기까지 올 수 있었던 것은 수많은 분들의 은혜와 배려 덕분이다. 스코필드 박사가 계셔서 중·고등학교에 진학할 꿈을 꿀 수 있었고, 조순 선생이 계셔서 학문에 눈을 뜨고, 미국 유학도 떠날 수 있었다. 내가 한 일이란 오로지 현실에 부대끼면서도 희망을 잃지 않고, 현재에 충실하면서도 내일을 바라보고 묵묵히 나의 길을 걸어간 것뿐이었다.

국가가 총체적 위기에 처해 있는데 그냥 있을 수는 없지 않느냐고 스스로 질문한 나는 어릴 적 스코필드 박사 말씀이 떠올랐다.

"운찬, 정치에 나가지 마십시오. 정치는 원래 깨끗한 곳이 아닙니다. 그러나 국가가 위기에 몰렸을 때는 자기를 희생해야 합니다."

스코필드 박사 동상.
한국 정부가 80만 달러를 지원하고
온타리오주 정부도 참여하여
캐나다 토론토 동물원에 건립했다.
그것은 스코필드 박사가 세계적
권위의 수의학자였기 때문이다.

상아탑에 안주해 있기에는 상황이 너무 엄중했다. 경제 문제로
나라는 위기에 빠졌고 국민은 고통받고 있는데도 현실참여를 외
면한다면, 실용학문을 공부해 온 사람으로서 사회적 책임을 도
외시하는 이기적인 처사가 아닌가, 하는 시대적 상황인식이 나
를 괴롭혔다.

우리 사회로부터 음으로 양으로 도움을 받지 않았다면 나는 이
자리까지 올 수 없던 처지가 아니었나. 이번 기회에 국가에 기여
도 하고 사회에 봉사도 해서 다소나마 내가 진 빚을 갚을 수 있다
면, 그것 또한 뜻있는 일 아니겠는가. 이런 부채의식이 평소의 내
소신을 꺾고 긍정적으로 입장을 바꾸게 한 동인動因이었다.

시대적 상황과 개인적 의무 말고도, 나를 움직인 또 하나의 모티브는 '균형자'balancer 역할을 자임해 보자는 생각이었다. 애당초 나는 이명박 대통령의 기업적 국가관과 폐쇄적 국정운영 방식에 견해를 달리했다. '비즈니스 프렌들리'라는 말이 상징하는 친재벌 정책이나 '강부자', '고소영' 같은 연예인 이름으로 희화화된 편파적 인사 시스템을 고치지 않고는 우리나라에 누적된 문제를 해결하고 국민의 공감대를 얻기 어렵다는 게 내 판단이었다. 이미 언론을 통해 공개적으로 비판하고 대안을 제시한 적도 있었다.

당시의 심경을 나는 〈가슴으로 승부하라〉(따뜻한손, 2012)에 이렇게 썼다.

내 모든 것을 걸고 온몸을 던져 위기를 막아 보자. 잘못 가고 있는 길은 노선을 수정하자고 제언하고, 지나치게 보수 쪽으로 경도된 정책은 중도개혁 쪽으로 방향을 틀자. 좌우의 이념 갈등, 동서의 지역 갈등, 빈부의 계층 갈등, 노청老靑의 세대 갈등을 해소하고 조화와 균형을 도모할 수 있다면, 설령 개인적으로는 욕을 좀 먹더라도 국가적으로는 의미 있는 일이 아니겠나. 누군가는 반드시 해야 할 일이라면, 내가 대신 십자가를 지자.

케인즈는 "이 시대 경제학자의 과제는 정부가 해야 할 일과 하지 말아야 할 일을 구분하는 것"이라고 했다. 정부에 들어가 중점적으로 추진하고자 한 최우선 과제는 빈부격차 해소, 사회통합, 국가의 품격 향상이었다.

　엄혹한 1960년대, 무력으로 정권을 잡은 군부세력은 신속하게 가시적 성과를 올려 국민의 저항을 잠재우려고 선성장·후분배를 핵심 경제정책으로 채택했다. 성장으로 정당성을 보완하여, 밥으로 입을 막겠다는 전략이었다. 지금도 그 당시를 매우 긍정적으로 평가하는 국민들이 적지 않은 것을 보면 계산은 주효한 셈이다.

　개발독재의 견인차로 세상에 처음 모습을 드러낸 재벌은 정치권력과 결탁하여 시장을 장악하고 지배구조를 강화해 나갔다. 정·관·재계의 카르텔에서 배제된 기업들은 정당한 경쟁 기회를 가져 보지 못한 채 하청기업으로 전락했다. 손발이 묶인 상태에서 씨름을 하는 것과 다름없는 불공정경쟁 체제에서 더 많은 기업들은 아예 링 밖으로 쫓겨나 악전고투하며 자활의 길을 찾을 수밖에 없었다.

　구조적으로 소득격차와 빈부격차가 악화될 수밖에 없는 여건이었다. 양극화는 결국 개발독재 시대의 압축성장이 우리 사회에 파생시킨 고질적 병폐다. 경제민주화를 추진하여 극심한 빈부격차를 해소하고, 이를 바탕으로 사회통합을 이루며, 국격을 향상시키는 것, 내가 목표로 삼은 세 가지 어젠다(의제)는, 실제로는 하나의 맥으로 서로 통하는 시대적 소명이요, 지식인이라면 누구나 제 몫을 감당해야 할 사회적 사명이다.

# 청문회를 앞두고 겪은 일들

2009년 9월 3일 오전 10시, 나는 모범택시를 타고 청와대에 도착하였다. 그곳에서 나와 마주 앉은 이명박 대통령은 '서민'을 화두로 동질감을 강조했다.

"정 총장도 서민 출신이고 나도 서민 출신이니, 우리 손잡고 서민층과 중산층을 살리는 데 최선을 다해 봅시다."

불과 보름 전쯤인 8월 15일, 광복절 경축사를 통해 '친서민 중도실용정책'을 새로운 국정지표로 제시하기 전까지만 해도 '서민'이나 '중도'라는 슬로건은 이명박 정부와는 전혀 어울리지 않는 용어였다. 나는 건의할 사항이 있으면 서슴지 않고 다 말씀드릴 테니 수용해 달라고 요청했다.

"작은 소리도 크게 듣고, 큰 소리에도 굴하지 않는다는 게 지금까지 제가 지켜 온 소신입니다. 앞으로도 이런 자세로 세상을 살고 싶습니다. 대통령께도 할 말씀은 다 드리겠지만, 그렇다고 밖에 나가 그런 얘기를 하고 다닐 사람은 아닙니다."

대통령은 "경제는 물론이려니와 외교와 국방을 포함하여 국정 전반을 꼼꼼히 챙겨 주십시오"라는 당부로 독대 자리를 마무리했다.

앞에서도 말했지만 내가 처음 그와 인사를 나눈 것은 2002년 8월로 거슬러 올라간다. 서울대 총장을 맡은 지 얼마 지나지 않아, 나는 이명박 서울시장에게 면담을 요청했었다. 고건 시장 때 확정된 서울대 정문 앞에 150m 이상 되는 고가도로를 설치하려는 서울시 계획을 철회해 달라고 부탁하기 위해서였다. 바로 한 달 전에 취임한 이 시장은 "세계 유수의 대학 앞에 그런 예가 없으니, 재검토해 보겠다"고 선선히 응낙하였다.

감사 인사를 하기 위한 저녁 자리에서는 많은 이야기가 오갔다. 미국의 교육정책을 획기적으로 전환한 클린턴Bill Clinton 대통령 예를 들며, 서울시가 적극적으로 대학들을 지원하면 장기적으로 경제 활성화에 도움이 될 것이라는 의견을 피력하자, 이 시장은 선뜻 공감을 표시했다. 얼마 지나지 않아 서울시에서 대학 지원 정책을 손질하고 있다는 뉴스를 보며, 식사 자리에서 주고받은 말도 가볍게 흘려듣지 않는 것 같다는 인상을 받았다.

그도 나에게 호감을 가지고 있었던 듯하다. 2006년 전국동시지방선거(지자체 선거)를 앞두고는 자신의 후임으로 시장직에 도전하라고 권했다. 총장 임기를 마치기 전이라 받아들이기 어렵다고 완곡하게 거절했는데도 사람을 보내고, 전화를 하며 설득을 거듭했다.

"정 총장은 경제 전문가 아닙니까? 그중에서도 화폐금융경제학을 전공했잖아요? 앞으로는 금융시대입니다. 부동산 시대는 갔어요. 서울시를 국제금융 허브로 키워야 하는데, 우리나라에 정 총장만 한 분이 어디 있습니까?"

그러나 총장 선거에 출마하면서 4년 임기를 반드시 채우겠다고 공약한 것은 나로서는 반드시 지키고 싶은 약속이었다. 1년 뒤 그가 한나라당 대선 후보로 확정된 뒤에는 선거운동을 지원해달라는 요청이 왔다. 대통령에 당선된 뒤에는 정권인수위원장을 맡아 달라는 요구도 있었다. 또 2008년 총선 때는 마음에 맞는 몇 사람과 함께 비례대표로 국회에 진출하라고까지 했다.

이러한 제안을 모조리 거부했는데도 다시 총리직을 제안하는데, 어찌 가볍게 거절할 수 있겠는가. 사람 사이의 인연이란 얼마나 소중한 것인가. 복잡한 세상에서 인연을 중시하며 사람의 도리를 다한다는 게 얼마나 어려운 일인가. 당시를 떠올릴 때마다 나는 지금도 그런 생각을 되새긴다.


청와대는 내 임명을 두고 "특유의 친화력과 폭넓은 글로벌 인적네트워크를 활용해 각종 국정과제를 추진하는 데 통합적 리더십을 발휘할 것으로 기대한다"고 발표했다.

여론은 대체로 우호적이었다. "비판적인 인물을 포용한, 모처럼의 신선한 인사"라는 게 중평이었다. 특정 지역과 특정 학교도 모자라 특정 교회에 이르기까지 편중·편파 인사에 식상해 있던 우리 사회도 대체적으로 환영하는 분위기였다고 생각한다. 그리고 나의 총리 취임 후 얼마 안 되어 이 대통령의 지지도는 크게 상승했다.

예상대로 야당은 격렬하게 반응했다. "연애는 민주당과 하고 결혼은 한나라당과 했다"면서 한 중진 의원이 앞장서서 공세의 포문을 열었다. 나는 민주당과 연애는커녕 어떤 거래도 한 적이 없다. 그들이 나를 정부의 이 자리 저 자리로 오라고 한 적은 많지만 나는 한 번도 응하지 않았다. 다만 정대철, 김근태 등 민주당 의원들과는 학교 선후배로 알고 지내는 사이였을 뿐이다. 그는 "1987년 이후 글 하나 안 썼다"고 나를 비난한 것이 터무니없는 거짓말로 밝혀지자, 공격의 수위를 높인 것이다.

그러나 그 정도 혹평은 인사청문회를 전후하여 나에게 쏟아진 각종 의혹, 근거 없는 비방, 의도적 모함이 뒤범벅된 무차별적 공격에 비한다면, 아직 시작종도 울리지 않은 전초전에 불과했다.

문제를 촉발시킨 책임은 나에게도 있다. 지명받자마자 마지막 강의를 하기 위해, 그리고 학교와 정부를 왔다 갔다 하는 것을 싫어했으므로 교수직 사표를 내기 위해 학교에 가니, 기자들이 진을 치고 있었다. 그 자리에서 세종시 추진방향을 묻는 질문에 "경제학자의 관점에서 볼 때 일부 부처를 분할하는 것은 행정의 효율성에 문제가 있다"고 말한 내 답변이 전선戰線을 확대시켰다.

세종시 건설을 대선 공약으로 처음 내세운 민주당과 충청권에 기반을 둔 선진당이 나를 거칠게 비난하고 나섰다. 여당 내 야당인 '친박계'에서도 노골적인 거부감을 표시했다. 비난과 반감의 배경에는 정당과 정파의 대선 전략이 숨어 있었다. 대통령의 입인 청와대 홍보수석이 나를 두고 "유력 대선 후보군" 운운한 것이 정치권에 불씨를 던진 것이었다면, 나의 세종시 수정 발언은 기름을 부은 격이었다. 결국 나는 사면초가四面楚歌 한복판에 홀로 서 있는 처지가 되었다.

나는 처음에는 청문회를 어렵지 않게 생각했다. 사생활에 대해서는 큰 잘못을 저지른 것이 없다고 생각했고, 정책에 대해서는 경제정책은 나의 솔직한 견해를 말하고 경제 외적 정책은 차츰 공부하겠다고 대답하면 될 것이라고 생각했다.

# 제자를 위한 스승의 인터뷰 응원

2009년 9월 3일에 지명을 수락한 후 며칠 안 되어서 이번에도 조순 선생이 구세주가 되어 주셨다. 청문회는 9월 21일부터였는데, 〈중앙일보〉 인터뷰(2009. 9. 11)에서 나를 이런저런 측면으로 치켜세워 주셨다. 인터뷰 전문을 여기에 소개한다.

### 정운찬, 대선 생각 말고 원자바오처럼 국민을 보살펴야
'아버지 같은 스승' 조순, 정운찬에게 말하다

"어떻게 해야 나라에 봉사하고, 자신을 국무총리로 지명한 대통령을 잘 보좌할 수 있을지만 생각하고, 자신의 모든 능력을 쏟아 부어야 합니다. 그래야 대한민국의 발전에 큰 기여를 할 수 있어요."

### 조순과 정운찬
조순 서울대 명예교수와 정운찬 국무총리 후보자는 '부자'父子 같은 사제지간師弟之間이다. 정 후보자가 서울대 졸업 후 한국은행에 들어가도록 추천서를 써 준 이도, 유학길에 오르도록 권유한 이도, 미국 컬럼비아대학에 자리 잡은 정 후보자를 서울대 교수로 불러들인 이도 모두 스승 조 명예교수다.

　두 사람의 인연은 40여 년 전에 시작되었다. 1967년 가을 정 후보자는 서울대 상대 2학년이었고, 경제학 박사학위를 받고 돌아와 모교 강단에 선 조 명예교수는 케인즈의 〈일반이론〉으로 학생들을 압도하는 젊은 경제학자였다. 조 명예교수가 연속 2시간 강의 중간 쉬었다가 들어가면 어지럽던 칠판이 항상 깨끗하게 지워져 있었다. 어느 날 칠판을 지우고 있던 키 작은 학생을 조 명예교수가 발견했다. 정 후보자였다. 조 명예교수는 그 순간을 '정운찬 하면 가장 먼저 떠오르는 장면'으로 꼽고는 환하게 웃었다.

　조 명예교수는 이날 인터뷰에서 정 후보자에 대해 "부드럽고 겸손하지만 비굴하지 않고, 누구에게나 친근감을 주지만 인기에 영합하지 않는, 결단력과 높은 도덕성을 갖춘 사람"이라고 말했다.

　정운찬 총리 후보자가 '나의 아버지 같은 선생님'이라고 표현하는 조순 서울대 명예교수를 9일 서울 서초동 개인 사무실에서 만났다. 조 명예교수는 두 시간의 인터뷰 내내 '정운찬 총리'의 성공을 바랐다. "본인을 위해서는 말할 것도 없고, 정부와 나라를 위해 정말 중요하다"는 것이었다. 조 명예교수는 특히 '화이부동'和而不同을 강조했다. 정 후보자의 경제관과 철학이 이명박 대통령과 다르다고 해도 서로 화합해야 한다는 뜻이었다.

　또 "정 후보자가 이명박 대통령을 잘 보필할 수 있도록 이 대통

령이 정 후보자를 도와줘야 한다"고 했다. 이 대통령이 '총리 정운
찬'의 역할과 공간을 인정하고 힘을 실어 주라는 얘기로 들렸다.

**정 후보자는 평소 4대강 정비사업과 감세정책 등 이명박 대통령의 핵심
정책에 대해 비판을 많이 해 왔습니다.**[*]

별로 걱정할 필요는 없다고 봐요. 학자 시절 생각이 있겠지만, 정부
의 중책을 맡은 입장에서 판단하고 고민하는 것은 다를 수 있지요.
아니, 달라야 합니다. 예전에 한 말을 바꾸는 것이냐는 얘기는 맞지
않아요. 이를테면 내무부 장관 시절에 하던 말을 국방부 장관이 돼
서도 똑같이 한다면 어떻게 됩니까? 달라져야 하지 않습니까?

고정관념에 사로잡힌 사람들만 행정부에 있으면 행정이, 정치가
제대로 돌아가기 어려워요. 본인이 비판했기 때문에 더 잘 보완할
수 있을 겁니다. 그동안은 몰라서, 정보가 부족해서, 비판한 측면
도 있을 테고요. 미국의 경우 오바마의 민주당 정부 요직에 공화당
인사들이 많이 진출해 일하고 있습니다.

**정 후보자가 이 대통령의 정책과 충돌할지, 아니면 순응해 갈지에 대해
세간의 이목이 집중되어 있습니다.**

국민에게 최종 책임을 지고 있는 이는 대통령입니다. 대통령을 이
해하고 대국적으로 대통령에게 협조해야 할 것은 협조해야 합니
다. 대통령도 자신과 다른 의견이더라도 받아들일 것은 받아들여

---

[*] 4대강 정비사업과 관련하여 나는 정부에 들어가기 전에 한반도 대운하 계획은
비판했으나, 4대강 사업은 반대하지 않았다. 오히려 긍정적 입장이었다.

206

야 합니다.

〈논어〉論語에 "군자君子는 화이부동 和而不同이요, 소인 小人은 동이 불화同而不和"(군자는 서로 같지 않아도 화합하고, 소인은 같아도 화합하지 못한다) 라는 말이 있습니다. 대통령도 총리도 화이부동 정신으로 해야 합니다. 다르되 서로 협의하고 화합해야 합니다. 대통령도 총리, 내각의 장관들 사이엔 국가의 비전과 전략에 대해 항상 의견 교환과 조정이 있어야 합니다.

**행정복합도시(세종시)를 "원안대로 다 하는 것은 쉽지 않을 것"이란 정 후보자의 발언으로 정치권의 논란이 뜨거운데요.**
국무총리로서 확고한 발언이라기보다 평소 학자로서 갖고 있던 생각을 자연스럽게 이야기한 것일 겁니다.

**가만히 있었으면 진보 진영의 유력한 대선 후보가 될 수 있었다는 지적도 있는데요.**
정 후보자가 진보 진영과 특별히 더 거리가 가깝다고 할 수는 없어요. 진보 진영과 보수 진영, 양쪽 모두에 아는 사람이 많아요. 그대로 있으면 후보가 될 수 있다? 난 그렇게 보지 않아요.

**반면에 총리로 지명됨으로써 정 후보자가 여권의 대선 후보 중 하나가 됐다는 평가가 나옵니다.**
누구나 어떤 자리에 있든 남의 평가를 받는 법입니다. 대선 후보가 된다는 것은 생각할 필요가 없어요. 총리가 됐으면 총리직을 수행

하는 데 전력을 다해야지요. 그 이후 일을 생각하는 것은 좋지 않
습니다.

**정 후보자가 어떤 총리가 되길 바라십니까?**

사실 한국의 총리에게 어떤 권한이 있는지, 어떤 일을 해야 하는지
불분명해요. 건국 후 60년 동안 많은 총리가 있었는데도 뚜렷한 모
습을 심어 준 이는 그리 많지 않습니다. 국민에게 봉사하는, 희생하
는 자세를 보여 줘야 합니다. 중국의 원자바오溫家寶 총리나 주룽지
朱鎔基 총리처럼 국민들을 찾아다니면서 제 역할을 해야 합니다. 국
민의 불안한 마음을 달래 주고 어루만지는 모습을 보여 주는 것이야
말로 좋은 일이 아니겠습니까.

　이 말은 꼭 하고 싶어요. 정 후보자가 총리직을 성공적으로 수행
하는 것은 본인을 위해서는 물론이고 정부와 나라를 위해서도 정
말 중요합니다. 지금 그런 시점에 와 있습니다. 바둑에 비유하자
면 포석이 끝나고 중반전에 돌입했다고 할 수 있어요. 대개 중반전
을 어떻게 하느냐가 바둑 한 판을 결정하는 법입니다. 국제적으로
봐도 북핵 문제, 중국의 부상, 일본의 정권 교체 등 대한민국의 장
래를 위해서 참으로 중요한 시기입니다. 국가의 방향을 정립하여
대통령과 총리, 내각이 모두 힘을 합쳐 잘해 줬으면 좋겠어요.

**이 대통령의 중도실용주의는 어떻게 보십니까?**

중도주의는 좋다고 봅니다. 필요한 시점이었고, 방향전환은 옳았
다고 봅니다. 대통령이 중도주의를 얘기하고 나서 사회 분위기가

좋아졌어요. 나라가 극과 극으로 갈려서는 안 됩니다. 서로 화합해야 합니다. 그러자면 중도주의가 필요합니다. 그런 분위기가 있어야 나라가 제대로 됩니다.

**이 대통령의 중도실용주의와 정 후보자가 어울립니까?**
내가 생각나는 사람 중에선 가장 좋은 선택이었다고 봐요.

조 명예교수는 인터뷰 말미에 율곡栗谷 이이李珥 선생 얘기를 했다. 율곡은 조정에서 이런저런 좋은 건의를 많이 했다. '10만 양병설'도 그중 하나다. 그러나 당시 임금 선조는 하나도 들어주지 않았다. 보다 못한 성혼成渾이 율곡에게 "그만큼 했으면 안 된다는 것을 알 텐데, 이제 그만 조정에서 나오는 게 어떤가?"라고 말했다. 율곡은 "그렇지만 이 조정을 버릴 수가 없지 않느냐?"고 대답했다.

조 명예교수는 "바로 그것이 옳은 지도층의 마음가짐이다. 맞지 않더라도 계속 이야기해서 마음을 돌리도록 끝까지 노력해야 한다"며 "그것이 바로 화이부동"이라고 말했다.

# 어렵게 청문회를 통과하다

우리의 희망은 사람입니다. 5천만 국민 한 분 한 분이 모두 이 시대, 이 땅의 영웅이요, 이 나라의 기둥입니다. 이 세상에서 가장 훌륭한 사람은 특별한 업적을 남긴 교과서 속의 위인들만이 아닙니다. … 저는 이분들에게 희망을 북돋아 주고, 이분들이 주인공이 되는 성공 스토리를 함께 쓰는 데 온갖 정성을 기울일 작정입니다.

국무총리가 되고자 하는 내 포부와 입장을 밝힌 청문회 모두발언冒頭發言 가운데 한 대목이다. 나는 그동안 살아오면서 잘못이 있다면 반성하고, 오해가 있다면 밝히겠다는 담담하고 의연한 자세로 청문회 자리에 섰다.

청문회 시작 전부터 각종 의혹을 기정사실처럼 언론에 흘린 각 정당에서는 이른바 '정운찬 죽이기'를 시도했다. 발언시간 제한이라는 제도가 후보자 입을 막아, 정작 나에게는 제대로 해명할 기회도 주어지지 않았다. 공직 후보자의 자질과 능력을 검증

하려는 취지로 도입된 인사청문회가 인신 모독의 경연장으로 돌변하는 데는 채 한 시간도 걸리지 않았다.

여야 청문위원들이 나에게 제기한 의혹은 한두 가지가 아니다. 그 가운데는 물론 사회생활에 어두워 관련 규정을 제대로 챙기지 않은 바람에 부득이 저지른 잘못도 포함되어 있었다. 하지만 대부분은 억울하기 짝이 없는 것들이었다.

부선망독자라 군대에 안 가도 되었지만 (지도자가 될 사람이) 자원입대하지 않았다고 '병역 기피'로 몰거나, 있지도 않은 '다운 계약서'를 작성하여 세금을 탈루했다고 주장한 청문위원도 있었다. 또 어떤 청문위원은 정작 청문회가 끝난 바로 다음 날 대법원에서 비리 혐의가 확정되어 법정 구속되고 의원직까지 자동 상실하였다.

당시 청문위원회에는 구속으로 정치인생을 마감한 분 외에도 이듬해 6월 광역단체장 선거 출마를 염두에 둔 의원들이 여럿 포함되어 있었다. 이들은 청문회를 '스타 탄생의 장'이나 자기를 알리는 '쇼 케이스'로 활용하기 위해 각종 제스처를 써 가며 일방적 공세를 퍼부었다. 그분들의 속내를 모르지 않는 나는 맞을 것은 맞고, 참을 것은 참겠다고 다짐했다.

'이것도 하나의 수양이고, 낮은 자세에서 국민들을 섬기기 위한 훈련이다.'

이것이 당시 내 심정이었다.

용산 참사 유가족 방문 (2010. 1. 8)

그러나 "군대에 가게 될 것이 두려워 어머니가 작고했는데도 귀국하지 않은 것이 아니냐?"며 강압적으로 밀어붙이며 불효자로 매도할 때는 참기 어려웠다. 학업에 영향을 미칠까 봐 나에게 연락을 못 하게 하신 어머니의 심정은 안중에도 없는 우격다짐이었다.

반면에, 혹독한 청문회를 통해 얻은 소득도 적지 않았다. 취임하자마자 '용산 참사' 해결에 심혈을 기울여 서울시, 일부 정부 부처와 청와대 수석비서관의 반대를 물리치고 용산 현장을 방문하고, 해가 바뀌기 전에 장례식을 치르도록 타협안을 도출해낸 것은 전적으로 청문회에서 내가 한 약속을 지키겠다는 강력한 의지의 산물이었다. 그 약속이 없었더라도 당연히 해야 할 일을 한 것에 불과했지만 말이다.

나는 어렵게 청문회를 통과한 후 9월 29일 총리가 되었다. 그
리고는 조순 선생이 〈중앙일보〉를 통해 주신 말씀을 총리 업무
지침으로 삼아 열심히 일했다.

# 세종시의 정치 블랙홀에 빠지다

내가 총리로서 처음 시작한 일은 세종시 개선안을 만드는 것이었다. 1987년 개헌 이래 한국 정치현장에서 세종시 문제만큼 찬반이 극명한 이슈도 흔치 않았다. 정치적 이해관계에 지역적 이해관계가 더해져 사안 자체가 복잡한 데다, 영호남 사이에서 캐스팅보트를 행사해 온 충청권의 현안이라 모든 정당, 모든 정파의 사활적 이해가 달린 문제였기 때문이다.

수도권의 과밀화를 해소하고 지역의 균형발전을 기한다는 거창한 명분을 내걸었으나, 한 꺼풀만 벗겨 보면 중원中原을 선점하여 선거의 승기를 잡겠다는 정치적 계산이 도사리고 있었다.

노무현 대통령이 후보 시절 처음 제기하여 그의 말대로 재미를 좀 본 뒤, 이명박, 박근혜 후보가 차례로 행정도시 건설을 공약으로 채택한 연유가 여기에 있다. 원안대로 행정도시 건설을 주장하는 정치인들은 모두 약속의 이행을 가장 큰 명분으로 내세웠다. 당연한 말이다. 개인이든, 정부든 약속은 반드시 지켜야 한다. 신의와 신뢰는 건강한 사회를 유지하는 기본 요소다. 정책의 일관성은 정부에게 지워진 기본 의무다.

그러나 행정도시 건설 여부는 개인의 정치적 신의 이전에, 국민 모두에게 이해가 달린 막중한 국가적 대사大事다. 행정의 효율을 극대화해도 대처하기 쉽지 않은 게 급변하는 국제환경인데, 나날이 늘어나는 행정수요를 외면하고 행정 부처를 분할한다면, 머지않아 국가발전을 저해하는 암적 존재로 대두할 것은 자명한 일 아닌가. 게다가 규모 또한 경기도 분당의 3배가 넘는 초대형 프로젝트라, 일단 공사가 시작되면 되돌리기 쉽지 않은 불가역적不可逆的 현안 아닌가.

나에게 권한이 주어진다면, 무엇보다 역점을 두고 추진하고 싶었던 것은 경제의 활력 회복과 교육의 정상화였다. 그런데 그 이전에 나에게는 잘못 채워진 과거의 족쇄를 풀고 새로운 성장동력을 창조해야 하는 선결문제가 기다리고 있었던 것이다.

관계 공무원을 동원하여 기획단을 만들고, 매주 관련 부처 장관들과 각계 전문가로 구성된 세종시 민관합동위원회 회의를 주재했다. 수정안이 대강 윤곽이 잡힌 뒤부터는 주말마다 충남 연기와 공주 등 세종시 예정지로 내려가 현장을 누볐다. 1박 2일 일정으로 현지를 방문하여 여론 주도층을 설득하고 주민들을 만나 의견을 경청하였다.

새 수도가 될 것이라는 기대에 부풀었다가, 위헌판결이 난 뒤에는 총리실을 필두로 상당수의 정부 부처가 내려올 것으로 믿고 있던 주민들은 우리를 향해 격렬히 저항했다. 버스를 향해 달걀을 던지는 것은 예삿일이고, 각목을 들고 접근을 막는 주민들도 있었다. 회의를 하다 자리를 박차고 나가거나, 아예 처음부터 대면을 거부하는 동네 어른들도 적지 않았다.

그럴수록 나는 더 성의를 보이려고 노력했다. 이미 갔던 곳을 두세 번씩 다시 찾고, 시장에서 소금을 맞아 가면서도 막걸리를 따라 주며 대화를 시도했다. 틈나는 대로 방송에 출연하여 반대론자들과 토론을 벌였다. 눈을 맞으며 산사山寺를 찾아 스님들과 공양을 함께하고, 이튿날은 교회에 가서 예배를 본 적도 여러 번이다. 어느 자리에서나 진심을 다했다.


위원회는 열과 성을 다해 크고 작은 밑그림들을 그렸다. 세종시에 입주하면 땅을 싸게 제공하고 세제 혜택을 주겠다는 약속도 그 가운데 하나다. 굴지의 기업들과 유명 대학들이 관심을 보이기 시작했다. 이런 인센티브를 문서에 담아 '세종시 발전방안'을 발표했다. 2010년 1월 11일의 일이니, 내가 처음 수정의 필요성을 제기한 지 넉 달이 조금 넘고, 위원회를 만든 지 꼭 두 달 되던 날이었다.

핵심 내용은 대략 다음과 같다. 행정 부처를 둘로 나눠 세종시를 2030년까지 행정중심 복합도시로 만드는 대신, 20년까지 교육·과학 중심의 경제도시를 건설한다. 17조 원을 별도로 투자

세종시 발전방안 발표 (2010. 1. 11)

하여 국제과학비즈니스벨트를 조성하고, 중이온가속기와 최첨
단 연구시설을 건립한다. 이전을 희망하는 대학에는 캠퍼스 건설
을 지원한다. 글로벌 투자유치지구를 조성하여 경제적·기술적
파급효과가 큰 해외 투자자를 끌어들인다는 전략도 있었다.

　삼성·한화·롯데·웅진 등 굴지의 그룹들과 양해각서를 체
결했다. 삼성그룹은 전자를 비롯한 5개 계열사가 중심이 되어 태
양광 발전과 발광다이오드LED 등 첨단 분야에 2조 500억 원을 투
자하고 1만 6천 명 가까운 고용 창출을 약속했다. 다른 그룹들도
새롭게 각광받는 분야에 신규 투자를 하겠다고 나섰다.

　계획이 하나둘씩 가시화되기 시작했다. 이번에는 다른 시도에
서 불만이 터져 나왔다. "세종시에 특혜를 몰아주기 때문에 대기

나의 총리 취임 직후 고향인 충남 공주시 탄천면에 축하 플래카드가 걸렸다 (2009).

업들이 추진 중인 신규 사업을 다 빨아들이는 블랙홀이 되고 있다"는 불평이 여기저기서 제기되었다. "정부투자기관을 지방으로 이전하기로 확정하고 혁신도시를 건설하고 있는데, 세종시와 같은 수준의 지원을 요구하여 진척이 안 된다"는 도지사도 있었다. 궂은 날에는 나막신 장수, 맑은 날에는 우산 장수가 걱정인 노파처럼, 국무총리라는 자리가 딱 그랬다. 한 군데를 해결하고 나면 다른 데서 문제가 발생해, 하루도 발 뻗고 잘 수 있는 날이 없었다.

세종시 수정안이 언론의 스포트라이트를 받고, 세종시 예정지 방문이 잦아지자 당사자들도 마음의 문을 열기 시작했다. 길을 가로막던 분들이 "사진이라도 같이 찍자"고 옷소매를 붙들고, 다시는 오지 말라던 분들은 "조심해 올라가라"며 고개를 꾸벅했다. 충북 청원에 갔을 때는 "우리 면面도 세종시에 편입시켜 달라"며 집단으로 민원을 제기하기도 했다. 내 고향이 공주公州라는 사실도 어느 정도 영향을 미쳤을 것이다.

버스에 오르려다, 말없이 두 손을 잡아 주신 촌로의 어깨를 끌어안았다. 거친 손이며 주름진 얼굴이 꼭 어릴 적 내 아버지를 닮은 분이었다. 마지막 눈을 감으시기 전 "책 속에 밥이 있다!"며 9살 어린 자식의 등을 두드리던 선친의 모습이 떠올랐다.

행정도시라는 관官 주도 방식의 과거형 개발계획 대신, 과학기술이 교육과 문화와 어우러져 상상을 현실로 만들어 내는 '인구 50만 명의 미래형 첨단 경제도시' 건설 방안을 발표하던 날, 나는 전국에 생중계되는 TV 화면을 통해 국민들에게 그 취지를 이렇게 설명했다.

"오늘을 사는 우리에게 세종시 수정작업은 어제의 잘못을 바로잡는 일이자, 새로운 내일의 토대를 다지는 시대적 과업입니다. 충청권은 물론, 대한민국이 50년, 100년 먹고 살 '제3의 쌀'을 창조해야 합니다. 이것은 우리의 어깨에 지워진 무거운 짐이기도 하지만, 이만큼 보람 있는 일도 없을 것입니다."

세종시 발전방안을 설계하는 동안 나는 "백성들에게는 밥이 하늘"食爲民天이라는 세종대왕世宗大王의 통치 철학을 한시도 잊어본 적이 없다.

문제는 정치권이었다. 그중에서도 세종시 특별법 통과의 칼자루를 쥐고 있는 국회가 문제의 핵이었다. 경제도시 건설 마스터플랜을 보더니 정치지형에 밝은 내 친구는 대뜸 "콘텐츠는 베스트인데, 타이밍은 워스트"라고 촌평했다. 지자체 선거가 코앞에 있어 정쟁에 함몰되고 말 것이라는 예상이었다. "내용이 너무 좋아 입법이 안 될 것"이라는 전문가도 있었다. 계획대로 실행되면 수정안을 주도하는 내 인기가 올라갈 게 뻔한데, 대선 잠룡潛龍들이 그런 상황을 용납하겠냐는 추론이었다.

정국은 그런 불길한 예견과 정확히 맞아떨어졌다. 국무회의를 마치고 독대하는 자리에서 나는 몇 차례 대통령에게 "정면돌파가 유일한 해법"이라고 강조하며 "국민투표를 발의하십시오"라고 건의했다. 처음에는 헌법학자에 따라 이견이 있었으나, 행정 부처 분할은 충분히 국민투표의 대상이 된다는 견해가 다수설이었다.

내 생각에도 17대 국회에서 확정한 원안을 18대 국회에서 수정한다는 것은 비록 인적 구성은 바뀌었다 하더라도 같은 기관이 자기가 한 결정을 번복하는 꼴이니, 국민에게 직접 의사를 묻는 게 상식에 더 부합할 것 같았다. 조순 선생에게 자문을 구했더니 나와 똑같은 생각이셨다.

나는 힘이 났다. 여론조사를 보면 상당수의 국민이 수정안에 찬성했다. 충청권에서도 꾸준히 지지율이 올라가, 벌써 50%에 육박하는 상황이었다. 그러나 대통령 참모들은 부결에 따른 파

220

장을 염려했다. 나는 이렇게 덧붙였다.

"저는 통과를 확신합니다. 그러나 국민투표에서 통과되더라도 정치권에는 파란이 일 것입니다. 그때는 저를 희생양으로 삼으십시오. 잘되든, 안되든, 결과에 대한 모든 책임은 제가 안고 가겠습니다."

은밀히 대통령에게 이런 제안도 했다.

"박근혜 대표를 만나 수정안을 받으라고 설득하십시오. 그리고 차기 대선에서 박 대표를 대통령으로 만들도록 최선을 다하겠다고 하십시오. 세종시 문제만 수정안대로 결론이 난다면, 저는 어떤 희생이라도 감수할 용의가 있습니다."

그러나 아무런 액션이 뒤따르지 않았다. 정치권에서는 목소리를 높이고 문제는 커지는데, 대통령은 결단을 미룬 채 시간은 6월 선거를 향하여 쉬지 않고 흘러갔다.


국무총리직 제안을 공식적으로 수락한 지 몇 시간 안 돼 세종시 수정 문제를 언급한 것을 두고 항간에는 "대통령의 지침을 받고 대신 총대를 멘 것 아니냐?"고 오해하는 분들이 더러 있다. 비슷한 보도도 있었다. 그러나 40여 분에 걸친 면담 내내, 그 문제는 일체 거론된 적이 없다.

그해 초, 다시 말해 2009년 초 나는 이 땅에서 동시대를 살아가는 지식인의 한 사람으로서 세종시와 4대강 문제에 대한 내 나름의 입장과 대안을 마련하기 위하여 현장을 둘러보았다. 4대강에 대한 내 입장은 처음부터 분명했다. 한반도 대운하大運河를 만드는 계획은 국토의 효율성을 저해하는 토목공사일 뿐이므로 중단하는 게 옳다는 요지의 글을 언론에 기고한 적도 있다.

그러나 4대강은 달랐다. 방향은 틀리지 않았다. 이제 우리나라는 산림녹화에 성공했으니, 하천도 더 깨끗하고 아름답게 할 필요가 있다. 다만 규모와 속도가 문제이니 한두 개 강을 먼저 하는 것이 좋고, 속도는 서두를 필요가 없다는 게 내 생각이었다. 나는 청와대 주례회의에서 이 말을 여러 번 했다.

평생 경제를 공부한 나에게 행정도시 건설이란 작게는 우리 경제에, 크게는 우리나라의 현재와 미래의 발목을 잡을 '대못'이란 사실을 한눈에 간파하는 것은 그리 어려운 일이 아니었다. 이미 2004년에 한 언론(〈월간 조선〉)과의 인터뷰에서 세종시는 바람직하지 않다고 공언한 적도 있다.

무슨 명분으로 포장하든, 그것은 정치인들이 득표를 위해 행정의 효율을 떨어뜨리면서까지 그 넓은 땅을 비효율적으로 낭비하려는 정략, 그 이상도 그 이하도 아니었다. 무모한 계획인 줄 뻔히 알면서 그대로 집행한다면, 그것은 후손들에게까지 죄를 짓는 행위와 다를 바 없다는 게 내가 처음 현장을 둘러보고 내린 결론이다.

총리 취임과 동시에 세종시 수정안을 관철시키려고 백방으로 노력을 경주하자, 야당 의원들은 나를 '세종시 총리'라고 불렀다. 이명박 정부에서 신설된 '특임장관'에 빗대서 '세종시 특임총리'라고 우롱하는 이들도 있었다. 이러한 표현 속에는 내가 제시한 다양한 비전과 정책들의 의미를 축소하고 내 위상을 폄훼하려는 의도가 다분히 들어 있었다.

하지만 나에게는 그런 별칭이 그렇게 조롱으로 들리지 않았다. 국가를 위해, 그리고 미래를 위해 언젠가 누가 반드시 해야 할 일이라면, 지금 내가 하겠다는 뜻에서 세종시 문제를 다루었으므로 스스로 떳떳했기 때문이다. 세종시 원안 수정을 그만큼 절박한 숙제로 인식하고 있었다는 뜻이기도 하다.

# 조각보처럼 국정 전체를 꿰매는 자리, 총리

우연히도 나는 서울대 총장, 국무총리, 그리고 KBO 총재까지 '총總 자'가 들어간 자리를 세 번이나 맡았다. 그런데 '총總 자'는 꿰맬 총, 즉 이것저것 흩어진 것들을 모아 하나로 묶는 일을 하는 자리다. 총리란 자리도 그랬다. 세종시 수정이 정책의 우선순위가 높았던 것은 사실이나, 내가 나서서 중점적으로 해결을 도모한 당면과제는 이외에도 여러 가지가 더 있었다.

대한민국 총리라는 직책은 한 가지 특정 사안만 다루고 있을 만큼 그렇게 한가하거나 편한 자리가 아니다. 나는 수정안을 발표한 다음 국무회의를 주재하는 자리에서 ① 일자리 창출, ② 공교육 개혁, ③ 저출산 고령화 대책, ④ 사회갈등 해소 및 사회통합, ⑤ 국격國格 향상 등 5대 과제를 국정 어젠다로 제시하고, 각 부 장관들에게 지혜와 역량을 경주해 달라고 당부했다. 어느 것 하나 뒤로 미룰 수 없는 긴급 현안들이었다.

그 가운데 내가 특히 역점을 둔 분야는 공교육 개혁을 통해 사교육 의존도를 낮추고, 출산율을 높여 미래의 인적 자원을 확보하며, 국가의 품격을 고양하는 것이었다. 일자리 문제나 사회통합은 오늘 이 시간까지도 우리 사회가 함께 풀어야 할 고질적인 숙제로 남아 있지만, 그 당시에도 심각성을 인식한 대통령이 직접 챙기는 국정지표의 하나였다.

그 밖에도 오랫동안 경제 문제를 천착해 온 학자로서, 교육행정을 직접 다룬 전임 대학 총장으로서, 그리고 총리직을 수락한 이유의 하나였던 '균형자'로서의 역할도 마다하지 않았다.

　그 가운데 특히 기억에 남는 것은 대통령과의 여러 번에 걸친 독대를 통해 'MB 경제사단'에서 끊임없이 추진하던 법인세 추가 인하에 종지부를 찍고 '부자 감세'를 철회하도록 설득한 것, 대학 입시와 관련하여 입학사정관제의 폐해를 지적하며 대통령의 지나친 관심을 막은 일 등이다. 다문화 가정에 대한 지원 강화도 내가 대통령과의 긴밀한 대화를 통해 이끌어 낸 정책적 성과다. 청와대부터 서울시, 안보부서, 사정기관 등의 반대를 물리치고, 내 자리를 걸어가면서 기필코 용산 참사 문제를 해결한 과정도 오래 뇌리에 남아 있을 내 나름의 업적이다.

이미 앞에서 말했지만 나는 교육계 경험을 살려, 노무현 정부의 '3불 정책'에 대한 대안으로 '3화 정책'을 천명했다. 고교 교육 다양화, 대학 자율화, 학력 차별 완화가 그것이다. 대학입시 본고

사 부활 불가, 고교등급제 불가, 기여입학제 금지 등 3불 정책이 교육의 자율권을 엄금함으로써 교육행정에 재갈을 물리는 부정적인 정책이라면, 3화 정책은 세 가지 사항을 권장함으로써 적극적이고 능동적인 변화를 이끌어 내는 데 목적이 있다.

나는 우선 교육과학부 장관과 관련 부처 장차관, 그리고 사계의 전문가로 '사교육비 경감 민관협의회'를 만들어 2009년 12월부터 매달 공교육 정상화 방안을 모색하고 '창의형 인적자본 육성 연구팀'을 별도로 구성하여 우리나라 교육의 전반적 쇄신 방안과 대학의 학생 선발 방식의 다변화 등을 도모했다. 교육의 혁신을 통해 창의형 인적자본을 육성해야 미래의 성장동력을 확보할 수 있으며, 계층 간 이동성을 증대시켜 양극화를 해소하는 데 기여할 수 있다.

나는 틈나는 대로 초·중학교, 마이스터고등학교, 대학교 등 각급학교에 가서 교육현장을 살피고 정부의 시책을 설명하기도 했다. 관심을 가지고 열과 성을 다한 지 6개월이 지나자 어느 정도 가시적 성과가 나타나기 시작했다. 우리 사회에 불었던 고졸자 채용 바람도 그중 하나라 할 수 있다.

# 국격을 생각하다


부존자원賦存資源이 부족한 우리나라가 전쟁의 폐허를 딛고 인구가 5천만 명이 넘고 동시에 1인당 국민소득도 3만 달러를 넘는 7개 국가(미국, 일본, 독일, 영국, 프랑스, 이탈리아, 한국) 가운데 하나인 경제파워로 성장하는 데 가장 큰 역할을 한 것은 풍부한 인적자본이었다.

"하면 된다"는 정신의 불굴의 기업가, 빠른 추격자first follower에서 선도자first mover로 도약을 가능케 한 연구인력, 뜨거운 사막의 땅에서 야간작업을 마다하지 않은 숙련된 노동력, 라면으로 끼니를 때우며 가족들의 생계와 동생의 학비를 책임진 여공들, 농부, 어부, 광부들…. 이분들이야말로 '한강의 기적'을 일구고 '아시아의 기적'을 일군 주인공들이다.

'2020년을 위한 국가 과제'를 묻는 한 언론의 질문에 나는 "황우석 사태를 반면교사로 삼아, 인격을 닦듯이 국격을 닦을 수 있는 새로운 패러다임을 다져야 한다"고 답변한 적이 있다. 2006년

1월 1일의 일이다. 당시 나는 서울대 총장으로서 황 박사의 논문 조작 사태를 처리하며, 맹목적 애국심보다는 진실과 진리를 추구하는 보편적 가치가 오히려 국가의 품격을 높인다고 생각했다.

시공을 초월하여 보편적인 사실에 기반을 둔 것이 과학이듯이, 인류 사회에는 시공을 초월하여 지켜야 할 가치가 있다. 정직과 신의, 약속과 관용, 양보와 배려 …. 이런 사회적 자본social capital이 바로 그런 가치요, 그런 가치가 충만한 나라가 품격 있는 국가다.

이러한 믿음은 국무총리 시절에도 이어져 나는 '국격 제고를 위한 국민실천운동' 등을 전개했다. 2010년은 마침 해방 65주년에, 6·25 전쟁 발발 60주년이 되는 해여서, 외국 대통령과 국무총리·참전용사·문화예술인 같은 저명인사들의 방한이 잦았다. 나는 일정이 허락하는 한, 이분들에게 한국의 역사와 문화·전통과 예절을 소개하는 데 최선을 다했다.

지금 우리는 건드리면 터지는 부패와 비리, 여전히 빈발하는 사건·사고, 상관에 의한 군대 내 폭력, 수그러들지 않는 학교 안에서의 '왕따' 등 국격이란 말을 꺼내기조차 민망한 상황이다. 이럴수록 국격 향상에 대한 논의와 성찰이 필요하다. 이럴수록 국격을 향상하는 데 지혜를 모아야 한다.

'국격'이라고 할 때 맨 처음 내 머리에 떠오르는 것은 누구나 안심하고 자신의 일을 할 수 있는 기본이 튼튼한 나라, 부패와 비리가 없는 깨끗하고 공정한 사회, 스스로 책임을 다하고 서로 신뢰하는 국민이다.

이어령 선생은 국격을 높이려면 "우선은 우리 안의 '천격'賤格을 걷어 내는 일부터 시작해야 한다"고 강조했다. 대표적인 천격은 천박하고 저속한 말이다. 다시 한 번 말하지만 언어는 사고의 도구다. 사고는 사상을 낳고, 사상은 문화를 낳는다. 그만큼 언어가 중요하다. 아름다운 말은 또한 아름다운 행동으로 승화된다.

그러나 우리는 이미 절망 속에서 희망을 보았다. 세월호 사건 때 진도로 달려간 2천여 명의 자원봉사자들, 학생을 먼저 대피시키려다 숨진 교사들과 일부 승무원들, 국가에서 주는 돈은 한 푼이라도 아껴야 한다며 아들에게 가장 싼 수의를 입힌 아버지, 장례비 5천만 원을 도로 내놓은 장례식장 주인 등은 자기희생과 이타심이라는 기품 있는 행동을 통해 국가의 격을 높여 준 이 시대의 사표師表가 아닐 수 없다.

결국 나는 남을 배려하고 관용하는 높은 시민의식, 이기적 욕망을 자제하고 더불어 사는 호양互讓과 상생의 정신, 패권주의를 배격하고 세계평화에 기여하는 인도주의人道主義가 국격의 바로미터라고 생각한다.

# 총리의 마지막 날들


세종시 수정안이 국회에 상정된 2010년 6월 29일은 공교롭게도 제2 연평해전이 발발한 지 8주년 되는 날이었다. 서울광장에서 열린 기념식이 끝난 뒤에도 자식을 잃거나 부상당한 스물다섯 해군 장병의 유가족들은 오열을 멈추지 않았다.

제대로 손 한 번 잡아 드리기 어려웠던 안타까운 상황을 기억에서 떨치지 못한 채 다른 행사에 참석했다가 청사로 들어가는데, 수행비서가 전화를 연결했다. 세종시 수정안 표결이 싱겁게 끝났다는 보고였다.

이로써 행정 부처는 분산하는 쪽으로 결론이 났고, KDI가 수정안 통과를 전제로 추산한 민간부문의 총 투자액 40조 원은 공중으로 날아가게 되었다. 가장 아쉬운 것은 물거품으로 돌아간 내 노력이 아니라, 세종시가 잃게 될 막대한 잠재적 손실과 행정 분할이 초래할 국가적 타격이었다.

아쉽고 안타깝고 억장이 무너지는 황당한 일이 벌어진 것이다. 세종시에는 본래 이전하기로 돼 있던 정부 부처 일부를 옮겨 그 넓은 부지를 채우는 것으로 최종 결론이 났다. 원안을 지지한 대부분의 의원들은, 반드시 약속을 지켜야 한다는 점을 가장 큰 명분으로 내세웠다.

내가 수정안을 마련하면서 밤을 새워 고뇌와 번민을 거듭한 이유는 바로 그러한 명분 때문이다. 그런데 과거의 약속에 조금이라도 정치적 복선이 내재돼 있다면 뒤늦게라도 바로잡는 것이 나라를 생각하는 지도자의 용기 있는 결단 아니겠는가.

얼마 전부터 내가 예상하고 있던 것과 별로 다르지 않은 결말이었다. 여당의 패배로 막을 내린 6월 2일 지자체 선거 다음 날, 한나라당 대표와 대통령실장이 사의를 표명했다. 나도 오후에 청와대로 가 "민심을 수습하여 정국을 다시 추스를 수 있도록 대폭 개각을 단행하십시오"라는 건의와 함께 사직서를 제출했다. 사표는 반려되었다.

수정안이 부결된 뒤, 나는 대국민 담화를 통해 그것은 전적으로 내 책임이라며 사퇴를 암시했다. 명시적으로 사의를 표명하고 싶었으나, 해외 순방 중인 대통령에 대한 예의가 아니려니와 비록 며칠이라 할지라도 국정에 공백이 생길지도 모른다는 우려 때문에 에둘러 표현했다.

며칠 뒤인 7월 3일, 출장에서 돌아온 대통령으로부터 전화가 걸려 왔다.

"지금 공항에 막 도착했는데, 대통령 관저에서 차나 한잔합시다."

내 의사를 철회하라고 종용하기 위한 면담이었다. 인사권을 포함하여 권한을 대폭 줄 테니 물러나지 말라는 것이었다. 주말에는 김윤옥 여사를 대동하고 총리공관 방문을 자청하여 오찬을 함께하기도 했다. 대통령의 만류에도 내 마음은 움직이지 않았다. 나는 대통령에게 사직하겠다는 뜻을 분명히 표시했다.

나는 총리직을 떠나기 전 조순 선생을 뵙고 총리를 그만두는 것이 어떠냐고 말씀드리자 선생은 기다리셨다는 듯이 흔쾌히 동의하셨다. 내가 총리를 하며 이것저것 고생하는 것이 꽤 안쓰러우셨던 모양이다. 아니면 〈중앙일보〉 인터뷰를 통해 나에게 내려 주신 '업무지침'을 내가 잘 지키지 못했기 때문이었는지도 모른다. 그러나 잘했건 못했건 내가 과분하게도 총리직까지 맡게된 것은 순전히 선생의 가르침 덕분이라고 생각한다.

나는 그 뒤에도 농어촌 현장을 방문하여 고충해소 대책회의를 주재하고, 중소기업체를 찾아 대기업과의 협력관계를 청취했다. 혹시라도 선거에 악영향을 안 주려면 7월 하순의 보궐선거까지는 더 일하고 물러나는 것이 도리라고 생각했기 때문이다.

그러자 언론에서는 "정 총리가 유임될 것"이라는 보도가 나왔다. "경제 전문가가 드디어 세종시 굴레에서 벗어나 경제를 챙기기 시작했다"며 "MB 정부 경제사단이 긴장하고 있다"는 해설기사를 쓴 신문도 있었다. 내 주변에서는 "경제가 위기상황을 극복하는 데 힘을 보탰으니 더 이상 때를 묻히지 말라"고 충고하는 그룹과, "연말까지 봉직하면서 '정운찬 브랜드'라고 이름 붙일 만한 경제정책과 복지정책을 개발하고 나오라"는 그룹으로 의견이 갈렸다.

7·28 재보선 결과는 예상보다 빨리 나왔다. 밤 9시 텔레비전 뉴스는 여당 우세로 판세를 점쳤다. 친구들의 전화가 답지했다. 축하 전화였다. 여당이 확실히 이긴 것으로 드러난 오후 11시 무렵, 나는 책상에 앉아 짤막한 글을 썼다.

"저는 오늘 국무총리직을 사임하고자 합니다"라는 말로 시작하는 국민 여러분께 드리는 말씀이었다. 날이 밝으면 발표할 사임 성명이었다. 홀가분했다. 다음 날 아침에 보니 "정 총리 유임 확정"이라는 제목의 기사를 실은 유력지도 있었다.

세종시 수정안은 숫자를 앞세워 과거의 손을 들어 준 정치권의 힘 앞에 무력하게 원점으로 회귀하고 말았다. 그러나 전적으로 실패한 것은 아니다. 우리의 미래에 걸림돌이 될 건설계획이 대선공약이라는 이름으로 다시는 등장하지 않는다면, 그리고 후손들에게 부담을 줄 토목공사를 창조적 프로젝트라고 선전하는 후보에게 냉엄한 심판을 내리는 각성의 계기가 된다면, 세종시 수정 노력은 절반은 성공한 것이라고 나는 자부한다. 이것이 세종시 파동을 통해 우리 사회가 얻어야 할 교훈이다.


2002년 7월 김대중 대통령에게 서울대 총장 임명장을 받은 지 일주일도 안 되어 조완규 전임 총장이 덕담 대신 충고를 주셨다.

"Not to govern, but to serve." (다스리지 말고 봉사하라)

나중에 보니 "강대국의 책임은 다른 나라의 국민들을 지배하는 데 있지 않고, 그들에게 봉사하는 데 있다"는 트루먼Harry S. Truman 대통령의 명언에서 따온 말이었다.

"The buck stops here." (모든 책임은 내가 진다)

그분의 책상에는 항상 이런 메모가 놓여 있었다고 한다. 이것이 원자폭탄을 떨어뜨려 제2차 세계대전을 종결하고, 샌프란시스코 회의를 통해 UN을 탄생시키고, 펜타곤과 CIA를 만들어 미국 중심의 세계질서Pax Americana의 기틀을 놓았으며, NATO를 창설하여 소련의 팽창에 쐐기를 박은 트루먼 리더십의 요체일 것이다. 유럽의 정치인들이 그 당시 자주 들먹이던 처세술이 "책임을 회피하라"Pass the buck는 것이었는데, 트루먼은 모든 문제에 대해 최종 결정을 내렸으며, 스스로 책임질 줄 알았다.

크든 작든, 조직을 운영하는 사람에게는 권한과 함께 책임이 주어진다. 큰 권한에는 큰 책임이 따르고, 작은 권한에는 작은 책임이 따른다. 공직자는 권한 앞에 충실하고, 책임 앞에 의연해야 한다.

1년 가까이 봉직하는 동안, 나는 늘 내가 책임진다는 자세로 매일 마지막처럼 일한 뒤, 후임 총리가 지명된 다음 날 간략하게 퇴임식을 치렀다. 그리고 대학에 있을 때는 내 조교를 했고 총리실에서는 나를 수행하다 지금은 금융위원회로 복귀한 이동훈 과장이 운전하는 소나타를 타고 집으로 돌아왔다. 총리공관을 떠나 집으로 돌아오니 주민들이 나를 열렬히 환영해 주었다. 솔직히 서운함보다 시원함이 더 컸다.

# 4장

# 나의 화두가 된
# 동반성장

# 동반성장이라는 화두를 던지다

1997년 말 '한강의 기적'은 하루아침에 돌변하여 IMF 체제로 들어가고 말았다. 2008년에는 미국발 금융경색이 한국을 위기로 몰아넣었다. 그러나 2009년 한국은 플러스 성장을 거두는 데 성공했다. OECD 회원국 중 단 3개국만 달성한 진기록이었다. 나머지 두 나라는 호주와 폴란드이다. 호주는 자원수출국이고, 폴란드는 내수중심국이다. 한국은 자원이 부족한 수출중심국이다.

하지만 여전히 구조조정은 미진한 채 우리 사회는 활력을 잃고 성장잠재력은 그전만 못한 게 사실이었다. 수출은 증가해도 내수는 활성화되지 못했다. 대기업은 투자를 망설였고, 중소기업은 활로를 찾지 못하고 있었다. 정치는 경제를 이끌기는커녕 스스로의 운신도 버거운 형편이었다.

2010년 총리를 그만둔 후 3개월여 지났을 때다. 나이지리아 건국 50주년 기념식에 대통령 특사로 다녀온 뒤다. 청와대에서 백

용호 정책실장이 '동반성장위원회'라는 민간기구를 만드는데 위원장을 맡아 달라고 요청했다.

"총리를 지내신 분에게 어떻게 그런 자리를 맡기느냐고 반대하는 수석들도 있는데, 제가 전부터 잘 아는 분이니까 말씀드려 보겠다고 했습니다."

그런 중요한 일은 대통령 직속기구로 해야 탄력을 받는다. 재벌을 개혁하고, 오너들의 의식을 바꿔야 가능한 일인데, 정치권력도 못하는 일을 민간기구에 맡긴다면 무슨 효과를 기대할 수 있겠는가.

난색을 표하자, 부연 설명이 이어졌다.

"지난봄에 대기업과 중소기업 관계를 정상화하려면 '특단의 조치'가 필요하다고 말씀하신 총리님이 꼭 좀 책임을 맡아 달라고 대통령께서 간곡히 요청을 드리랍니다."

내가 물러난 지 한 달 보름쯤 지난 그해 9월 29일, 대통령 주재 국민경제 대책회의에서 대기업·중소기업 동반성장 대책을 마련한 것도 그 일환이었다는 얘기였다.

그해 봄 일이 파노라마처럼 뇌리를 스쳤다.

# 중소기업을 살리기 위한 특단의 조치를 건의하다

.

시간을 쪼개 경향京鄕 각지를 돌며 세종시 문제와 5대 국정과제에 한창 골몰하는데, 중견기업인 몇 분이 집무실로 찾아왔다. 인사를 나누자마자 그들은 대뜸 이민을 가야겠다고 했다. 연간 수천억 원대 매출을 올리는 탄탄한 기업의 경영자들이 왜 폭탄선언을 하는지 의아해 그 이유를 물어보았다.

그들은 속사정을 털어놓았다. 매출은 늘어나지만 대기업이 매 4분기마다 납품가를 후려치는 바람에 이익은 해마다 감소할 뿐만 아니라 특허받은 기술까지 공유하자고 우겨 정상적으로 기업을 경영할 수가 없다는 것이었다.

평소 나는 보수와 진보가 조화를 이루고, 강자와 약자는 균형을 이룬 사회가 바람직한 사회라고 생각해 왔다. 그러나 어릴 적 스코필드 박사의 가르침대로 사회에 대한 '왕성한 건설적 비판'을 서슴지 않다 보니 솔직히 강자보다는 약자, 대기업보다는 중소기업에 관심이 더 갔다. 내가 총리 취임 다음 날 바로 서울 구로동 산업단지로 달려가 중소기업체를 방문한 것도 그런 사연 때문이다.

유사 기업들의 실태를 조사한 공무원들의 말을 들어 보니, 현실은 총리실을 찾은 중견기업인들의 하소연보다 더하면 더했지, 조금도 나을 게 없었다. 나는 그 주, 대통령을 독대한 자리에서 중소기업을 살리기 위한 '특단의 조처'를 건의했다.

정부 주도의 경제개발계획이 본격적으로 실시된 이래 지금까지 반세기 동안 경제정책의 기본 전략은 선성장·후분배였다. 1980 ~90년대를 거치면서 시장 메커니즘이 대거 도입 정착되었으나, 기본적인 접근법에는 별다른 변화가 없었다. 수출과 같은 특정 부문을 선도산업으로 집중 육성하고, 그 성과가 경제 전체로 파급되기를 기대하는 불균형 성장전략에 의존한 것이다. 그러다 보니 대기업을 우대하는 산업구조가 고착되고, 중소기업은 대기업과의 수직적 관계 속에 불공정 거래를 감수해야 하는 위치로 전락했다.

글로벌 시대에 대기업들이 세계 시장에서 이기려면 가격경쟁력을 넘어 (초)우량 제품을 창조할 수 있는 혁신적 역량을 갖추어야 한다. 그런데도 유수의 대기업조차 여전히 협력업체를 후려쳐 가격으로 승부하는 안이한 구조에 안주해 있다. 이런 악순환 아래서는 협력업체들이 을의 위치에서 고사枯死를 감수하고 '을사乙死 조약'을 맺을 수밖에 없다.

특히 1997년 외환위기와 2008년 글로벌 금융위기를 거치면서 가계부문과 기업부문 모두 양극화가 심화되어 분배 문제는 지속적으로 악화되었다. 그 결과, 오늘날 가계부채와 중소기업 부실은 한국경제의 발목을 잡는 양대 문제로 자리 잡았다. 이것이 우리 사회에서 분배의 공정성을 개선하지 않고는 더 이상 지속 성장이 어렵게 된 고질적 구조chronic structure다.

# 동반성장의 전도사가 되다

동반성장shared growth은 이미 선택의 단계를 넘어 필수의 단계로 들어섰다. 대기업들이 솔선하여 중소기업과 상생하는 발전모델로 전환을 서둘러야 한다. 아울러 이러한 추세에 걸맞은 새로운 기업문화, 새로운 관리역량을 강화해야 한다. 그럼에도 우리 사회의 의식 수준은 선성장·후분배의 구시대적 관성과 미망에서 벗어나지 못하고 있다.

오랜 세월을 거치면서 관행이 된 불공정한 분배와 고착적인 이해관계는 조정이 쉽지 않은 것이 사실이다. 그러나 한국경제라는 배에 동승한 우리는 더 이상 실기失機하면 공멸할 우려가 있다. 한국경제를 "서서히 뜨거워지는 물속의 개구리"에 비유한 〈맥킨지 보고서〉McKinsey Global Institute, "Beyond Korean Style: Shaping a New Growth Formula", April, 2013는 동반성장이란 맥락에서 볼 때 매우 의미심장한 경고다.

양극화 문제가 개선되지 않는 한, 우리 사회는 성장 둔화를 피

할 길이 없다. 선성장·후분배라는 낡은 전략으로는 더 이상 성
장이 불가능하다. 동반성장은 20세기와 획을 긋는 21세기 우리
사회의 시대정신Zeitgeist이다. 동반성장은 불공정 분배 관행을 공
정하게 바로잡음으로써 지속 가능한 성장을 추구하자는 뉴노멀
new normal 시대의 성장전략이다.

　오늘날 세계의 패러다임은 독점에서 공유로, 독주에서 동반으
로, 경쟁에서 협업으로 바뀌고 있다. 이제 대기업 총수들이 바
뀌어야 할 시점이다. 아무런 책임 없이 그룹을 지배하는 오너들
이 먼저 의식과 가치와 문화를 시대정신에 맞게 고쳐야 한다. 정
부의 강력한 의지도 필수적이다. 우리나라에서 재벌의 위상은
정치권력을 능가한다. 이러한 재벌을 개혁하고 총수의 행태를
바꾸려면 대통령의 확고한 경제 철학과 결연한 의지, 정확한 현
실 인식이 전제되어야 한다.

나는 2010년 12월에 대기업과 중소기업 대표, 전문가로 구성된
동반성장위원회를 맡아 1년 4개월 동안 활동했다. 대기업 대표
들은 사보타주로 대응했다.

　대기업의 저항을 억누르고 나는 전체 회의에서 초과이익공유
제(협력이익배분제)를 자율적으로나마 도입하기로 합의를 이끌
어 낸 다음 결연히 사퇴했다. 기초적인 임무를 마쳤기 때문에 떠
난 것이지만, 대통령의 개혁의지 부족에 항의하고 우리 사회에
각성을 촉구하는 의미도 있었다. 그 직전에 나는 위원회에 대한

대폭적인 지원과 관심을 요구했다. 대통령은 묵묵부답으로 일관했다. 나 혼자 동분서주했던 셈이다.

그러니 외국에서는 이미 오래전부터 시행해 온 초과이익공유제에 재벌들이 나서 이념적 색깔론을 제기하고, 경제수석을 지낸 장관까지 재벌 편에서 내 견해를 비판한 것 아니겠는가. 심지어 여당 지도자는 나를 '급진 좌파'라고 몰아세우기까지 했다.

역대 대통령 가운데 재벌로부터 자유로운 이는 별로 없다는 서글픈 사실을 감안한다면, 이런 현상은 새삼스러울 것도 없다. 이것이 바로 대한민국 경제 권력의 힘이고, 대한민국이 안고 있는 가장 큰 문제의 본질이다. 그것은 역으로 우리가 동반성장을 추구해야 하는 당위성을 웅변하는 실증적 사례이기도 하다.

2012년 대선주자들의 경제민주화 슬로건은 오간 데 없이 사라졌다. 17년 TV를 도배했던 '동반성장사회'도 어디론가 사라져 버렸다. 그러나 지금 우리 시대의 명제는 누가 뭐래도 동반성장이다. '함께 성장하고 공정하게 나누는 공동체'를 지향하여 내가 12년 6월 19일 '사단법인 동반성장연구소'를 설립한 것은 그러한 절박한 인식의 소산이었다.

동반성장을 실천하는 방안을 제시하는 것이 연구소의 기본 목표다. 동반성장이 추구하는 모델은 더불어 사는 사회, 모두에게 공정한 기회를 주는 사회, 꿈과 도전이 가능한 사회다. 대기업과 중소기업 간의 동반성장에서 출발한 우리의 노력은 업종·빈

동반성장연구소 창립식 (2012. 6. 19). 오른쪽부터 조순 선생, 나, 아내, 김영환 의원.

부 · 계층 · 남녀 · 세대는 물론 수도권과 비수도권 · 도시와 농촌 · 남한과 북한 · 선진국과 후진국 간의 동반성장으로 점차 범위를 넓혀가고 있다.

우리 연구소는 체계적이고 효율적으로 동반성장의 가치와 문화를 확산시키기 위해 발족과 동시에 심포지엄을 개최한 이래, 2013년부터는 정기적으로 월례 정기 포럼을 개최하고 있다. 사계의 전문가와 석학들을 연사로 초빙하여 동반성장의 정의부터 갑을<sup>甲乙</sup>문화 · 교육 · 남북한 · 국가경제와 지역경제 등 다양한 주제를 놓고 많은 토론을 진행했으며, 이제 85회에 도달하였다.

"모든 진리는 3단계를 거친다. 처음에는 조롱받고, 다음에는 반대에 부닥치다가, 결국은 자명한 것으로 받아들여진다."

쇼펜하우어Arthur Schopenhauer의 금언을 되새기며 오늘도 한 걸음 앞으로 나아가고 있다.

# 동반성장 아이디어와 두 스승

동반성장이란 삶의 철학이자, 새로운 공동체를 건설하는 의식혁명이다. 이 또한 쇼펜하우어의 말처럼 서서히 단계를 거쳐 가며 자명한 진리로 받아들여질 것이라고 믿는다.

동반성장위원회가 발족할 당시 조순 선생은 내가 총리직에서 물러난 후 이명박 대통령이 만들어 준 소일거리라고 생각하셨던 것 같다. 다른 이들의 생각도 비슷했다. 그것은 오해다. 소일거리로 삼기에는 너무 바쁜 무급의 봉사 자리였다.

동반성장연구소도 마찬가지다. 바쁘기는 위원회 때보다 더 바쁘다. 연구소 경비를 부지런히 조달해야 하고 월례 포럼을 비롯하여 각종 행사에 초청할 연사를 섭외해야 하기 때문이다. 동반성장 에세이 콘테스트 등 다른 활동도 많다. 또한 동반성장의 취지와 비슷한 목적을 가진 이런저런 조직과 교류를 하기 때문이기도 하다.

나는 처음에는 조순 선생의 오해에 당황했다. 그 오해는 이 대

동반성장연구소 창립 기념 연설을 하는 조순 선생(왼쪽)과 나 (2012. 6. 19).

통령이 비록 2009년 8월에 경제정책의 중도 선회를 표방했다 할 지라도 실제로는 '친대기업' 정책을 포기하지 않은 것으로 조 선 생이 생각하신 결과로 보인다.

그러나 조 선생은 지난 10년간 세 차례에 걸쳐 동반성장 포럼 에 연사로 나와 우리 경제가 살길은 대기업과 중소기업의 동반성 장이라고 역설하셨다. 그것은 조 선생의 평소 지론과 완전히 일 치하는 것이다. 선생은 어느 사회나 조화와 균형이 없으면 오래 유지될 수 없다고 강조해 오셨다. 참으로 다행이다. 이런 분이 우리나라에 계시다는 것, 그리고 그분이 나의 스승이라는 것이 말이다.

사실 따지고 보면 나의 동반성장 아이디어는 스코필드 박사의 권 유와 조순 선생의 가르침에서 나왔다.

나는 대학에 갈 때 스코필드 박사의 권유로 경제학을 전공하기로 마음먹었다. 고등학교 졸업을 앞둔 1965년 12월 초 대학에 들어가면 무엇을 공부할 것이냐고 물어보셔서 경제학이라고 하자, 그분은 "참 잘 선택했다"고 격려해 주셨다.

　"한국 같은 나라는 빨리 경제성장을 이룩해야 민주주의도 완성할 수 있네. 경제가 급선무야."

　고등학교 시절 가정교사 월급을 받으면 나는 즉시 싼 헌책을 사러 청계천으로 달려갔다. 그때 발견한 책이 애덤스미스의 〈국부론〉을 축약한 영문 문고판이었다.

　비록 사전을 뒤져 가며 겨우 해석하며 읽었지만, 고전을 내 힘으로 해독했다는 데서 희열을 느꼈다. 대학 전공을 경제학으로 결정한 것은 이때의 경험과 감동이 워낙 강렬했기 때문이기도 하다.

　스코필드 박사는 나에게 "경제개발 5개년 계획 덕에 한국경제가 성장하고 있지만, 빈부격차가 심해졌는데도 한국 부자들은 가난한 이들에 대해 눈곱만치도 배려를 안 해 주고 있다"고 안타까워하면서, 경제학과에 가서 각종 격차 해소 방안을 공부한 뒤 일생 동안 그 격차를 완화하는 데 노력을 경주하라고 하셨다.

　그분의 예상대로 우리 사회에는 부익부 빈익빈 현상이 팽배해졌다. 더구나 최근 상황이 악화되면서 동반성장의 필요성은 더욱 절실해졌다.

항상 사회의 조화와 균형을 강조하시는 조순 선생은 암묵적으로나마 유가의 '대동사회'大同社會를 가르치셨다. 나는 동반성장이 추구하는 사회와 대동사회가 닮았다고 생각한다.

공자는 인仁과 예禮를 통하여 모든 사람이 더불어 잘살 수 있는 대동사회를 이룩하는 것을 궁극적인 목표로 삼았다. 유가의 경제관에 따르면 재화의 부족함보다 불균형이 더 큰 문제다. 국가의 재물이 개인을 위해서만 존재하는 것이 아니라, 사회적 약자들을 보호하고 부양할 수 있어야 한다고 보았다. 이처럼 대동사회는 만인의 신분적 평등과 재화의 공평한 분배, 인륜의 구현 등이 특징이다. 극심한 양극화, 불평등, 저성장, 청년실업에 시달리는 우리의 현실에 비추어 볼 때 대동사회는 우리에게 많은 시사점을 준다.

양명학陽明學은 〈예기〉禮記, 예운禮運 편에서 "대도大道가 행해질 때 천하는 공유되며 현명한 사람과 능력 있는 사람을 선발한다. … 노인들은 편안히 여생을 보낼 곳이 있고, 장성한 사람들에게는 일자리가 있고, 홀아비, 과부, 고아, 자식 없는 부모, 폐인, 병자 모두 보호받고 양육된다. 남자는 모두 자기 직분이 있고 여자는 모두 가정이 있다. … 그러므로 음모가 일어나지 않으며 도적이나 반란이 일어나지도 않으니 사람들은 문을 잠그지도 않는다. 이런 사회를 '대동'이라 한다"고 했다.

2천여 년 전의 사람들이 꿈꾸었던 이상사회와 오늘날 우리가 지향하는 사회가 그리 멀지 않음을 알 수 있다. 그들은 만물일체萬物一切, 천인합일天人合一의 경지에서 대동이 이뤄질 수 있다고 했다.

# 한국경제, 동반성장, 자본주의 정신

그렇다면 동반성장은 무엇인가? 동반성장은 더불어 성장하고, 함께 나누어서 다 같이 살기 좋은 사회를 만들자는 취지에서 나왔다. 있는 사람 것을 빼앗아서 없는 사람 주자는 것이 아니다. 경제 전체의 파이는 크게 하되 분배의 룰은 조금 바꾸자는 것이다.

예를 들어 한국의 GDP가 100이고 빈자에게 20, 부자에게 80 분배되었다고 하자. 동반성장이 추구하는 것은 GDP를 100에서 110으로 키우되 분배는 종래의 비율을 따라 빈부 간 22 대 88으로 나누는 게 아니라 22 이상 대 88 이하로 하자는 것이다.

동반성장의 원리는 무엇인가? 자본주의 시장경제에서 기계적인 완전 평등은 가능하지 않고, 어떤 의미에서는 바람직하지도 않다. 부자도 있고 가난한 사람도 있고, 대기업과 함께 중소기업도 있을 것이고, 성장하는 산업이 있으면 사양산업도 있기 마련이다. 모두를 똑같게 만들 수는 없다. 경제는 순환이다. 한 경제를 구성하는 각 부문이 상호 긴밀하게 연결되어서 선순환하도록 만드는 것이 동반성장의 요체이다.

경제의 선순환은 시각적으로 두 가지 흐름으로 표현할 수 있다.

첫째, 부자·대기업·성장산업 등 선도부문의 성장 효과가 아래로 잘 흐르도록 하는 것이다. 낙수효과trickle-down effect라고 한다. 과거 반세기 동안 한국경제는 선성장·후분배의 불균형 성장전략을 맹목적으로 추구하다 보니 낙수효과의 연결고리가 거의 끊어지게 되었다. 이 끊어진 고리를 다시 이어야 한다. 그동안 재벌개혁이나 대기업의 불공정 하도급거래 근절과 같은 대책들이 논의되었다. 이것은 바로 낙수효과를 정상화하기 위한 노력이다.

둘째, 하도급 중소기업·비정규직 노동자·영세 자영업자 등 경제적 약자에 대한 의식적 배려와 적극적 지원이 필요하다. 이를 분수효과fountain effect라고 한다. 낙수효과의 정상화가 기본적 과제인 것은 틀림없지만, 이것만으로 한국경제가 봉착한 양극화와 저성장의 문제를 극복하기에는 충분치 않다. 국민의 고용과 소득을 늘리는 데 정책적 노력을 집중할 필요가 있다. 이는 서민층의 생활을 안정시키는 직접적 효과뿐만이 아니라, 내수의 확대를 통해 중소기업과 자영업자의 고용과 투자를 자극함으로써 성장을 가속화하는 간접적 효과도 가져올 것이다.

동반성장을 위해서는 낙수효과와 분수효과의 선순환적 결합이 이루어져야 한다. 낙수효과와 분수효과를 결합하는 동반성장만이 우리의 살길이다.

이러한 동반성장의 원리와 시책을 통해 우리가 얻게 되는 것은 무엇일까?

첫째, 성장이 촉진되고 지속적 성장의 기초가 된다. 한국경제는 지난 20여 년간 투자가 부진하여 잠재성장력이 떨어졌다. 대기업은 돈은 많으나 투자대상이 부족하고, 중소기업은 투자대상은 있으나 돈이 없다. 대기업으로 흐를 돈이 합리적으로 중소기업에 흘러가게 함으로써 중소기업의 투자를 촉진하면 단기적 성장을 이루고 지속적 성장의 기초를 쌓을 수 있다.

둘째, 동반성장은 양극화로 인한 사회갈등과 분열을 해소하는 데 기여할 것이다. 부자와 빈자, 수도권과 비수도권, 정규직과 비정규직, 대기업과 중소기업 등으로 양극화된 사회는 경제적 효율은 물론 정치·사회적 안정도 확보할 수 없다.

셋째, 동반성장은 약자들의 생활을 개선함으로써 사후적 복지 수요를 줄이는 사전적 복지제도의 역할도 수행한다.

동반성장은 21세기 우리 사회의 시대정신이다. 동반성장은 '더불어 잘사는 사회', '모두에게 공정한 기회를 주는 사회', '꿈과 도전을 기대할 수 있는 공정한 사회'를 모두 함께 만들어 가자는 것이다. 그것을 이루지 못하면 서민경제가 파탄 나고, 경제 전체가 붕괴되어 사회를 유지하기 힘들 수 있다. 성공한다면 국가 경제가 새로운 단계로 도약할 수 있다. 나아가 동반성장은 경제에만 해당하는 것이 아니라 세계시민으로 살아가는 삶의 철학이 자 새로운 사회공동체의 운영원리이기도 하다.

동반성장의 근저에는 가진 자, 지위가 높은 자들의 의식이 바뀌지 않으면 안 된다는 전제가 깔려 있다. 단순한 제도적 개혁과 법의 제정만으로 이루어질 수 있는 것이 아니다. 지속적 교육과 의식 개혁이 동반되어야 한다.

더불어 맹자가 말한 '항산항심론'恒産恒心論도 깊이 되새겨 볼 필요가 있다. 백성은 의식주가 넉넉할 때 비로소 '변하지 않는 도덕심'이 저절로 함양된다는 뜻이다. 양극화를 해소하고 성장의 가치를 공유할 수 있을 때 국민 모두가 남을 배려하고, 서로 관용하고, 건강한 공동체를 일구는 일에 앞장서는 훌륭한 공민으로 성숙할 것이다.

나는 2007년에는 전혀 준비가 없었고 또 나의 정치적 역량이 부족함을 깨닫고 '어른들'의 대선 출마 권유를 뿌리쳤다. 그러나 2017년은 조금 달랐다. 그해 1월 19일 출판기념회에서 대선에 나가겠다고 선언해 버렸다. 그것은 대통령이 되기 위함이 아니었다. 촛불정국에서 문재인 후보의 당선은 거의 기정사실화되어 있지 않았던가. 내가 대통령 출마를 선언한 것은 대선 기간 중 동반성장 캠페인을 하고 싶어서였다. 선거 기간 중 전국을 돌아다니며 동반성장은 무엇인가, 그 원리는 무엇인가, 어떤 효과를 거둘 수 있는가, 사회작동 원리로서의 동반성장은 자본주의 정신과 어떻게 양립할 수 있는가 등을 많은 국민에게 알리고 싶었다.

그러나 내 진심은 잘 전달되지 않았다. 도중에 포기할 수밖에 없었다.

나는 심기일전하여 더 열심히 동반성장 운동을 벌이려 한다. 지난 10년간의 성과를 무시할 수는 없지만 만족스럽지도 않다. 그러나 서서히 변화하리라고 믿는다. 그동안 '동반성장을 하긴 해야 하는데 그 뜻이나 성공 여부가 애매모호하다'며 거들떠보지도 않던 사람들이 최근에는 눈에 보이는 그리고 보이지 않는 지원을 시작했다. 그래서 미래는 어둡지 않다.

5장

# 아쉬웠던 일들

# 두 스승을 서로 만나게 하다

평소 나는 두 분의 스승이 있다고 말해 왔다. 스코필드 박사와 조순 선생이다. 스코필드 박사는 나를 재정적으로 지원하여 중·고등학교에 보내 주셨을 뿐만 아니라 내 인격 형성에도 커다란 영향을 미치신 분이다.

나는 조순 선생을 스코필드 박사에게 소개해 드리고 싶었다. 국적도 전공도 다르지만 인품이나 학식이 훌륭하신 것이 공통점이라 두 분을 만나게 해 드리고 싶었다. 나는 스코필드 박사에게 우리 대학에 조순이라는 훌륭한 교수가 오셨다고 말씀드렸다. 그랬더니 만나 보고 싶다고 하셨다.

1968년 늦가을 어느 맑은 날, 나는 서울대 경제학과에서 새로운 학문의 바람을 불러일으키고 있었던 40세의 조순 선생과 벽안碧眼의 독립유공자인 79세의 스코필드 박사의 만남을 주선하였다. 두 분이 만나면 세상에 대해 폭넓고 깊은 말씀을 나누실 것으로 기대했다.

나는 조순 선생을 모시고 당시 서울대 문리과 대학 북쪽 담(더 정확히는 철조망) 너머에 있던 스코필드 박사의 임시 숙소로 갔다. 그곳 부근에는 당시 음대의 김성태 학장 댁과 최문환 총장의 공관도 있었다. 오늘날 대학로의 동숭아트홀과 가까운 곳이다.

두 분은 서로 인사를 나눈 뒤 세계 정세와 4·19, 5·16, 두 번의 대통령 선거(1963, 67), 다시 말해 한국 정치에 대해 유익한 말씀을 많이 나누셨다. 영어로 말씀을 나누셔서 나는 다 알아듣지는 못했지만 매우 유익한 말씀 같았다. 그런데 한참 말씀하시던 도중에 스코필드 박사는 미국에서 오랫동안 공부하고 가르친 후 귀국하신 지 1년밖에 안 되는 조순 선생에게 미국은 법이 없는 사회lawless society라고 흥보셨다. 조 선생으로서는 기분이 상했음직하다.

당시 미국은 존슨Lyndon Johnson 대통령이 집권하고 있었다. 대학 캠퍼스에서는 베트남전쟁을 반대하는 학생들의 데모가 격렬했고, 흑백 갈등도 최고조에 달했던 때다. 물론 스코필드 박사가 베트남전쟁을 찬성한 것도 아니고, 또 흑인들의 요구를 지나치다고 생각한 것도 아니었다. 그러나 영국 태생 캐나다인인 노교수로서는 대화 대신 격렬히 의사표시를 하는 데모대가 마음에 안 드셨던 모양이다. 조순 선생은 스코필드 박사 말씀에 동의하지 않았는지 만남이 끝나고 밖으로 나오신 후 나에게 아주 유쾌한 만남이었다고 하면서도 미국이 그렇게 무법 사회는 아니라고 하셨다.

다른 일로 바쁘셨을 두 분의 만남을 주선한 21살의 나는 두 분에게 미안한 마음을 금할 수 없었다. 두 분 간에 연세 차이(79세와 40세)도 있었고, 또 첫 만남이라 서먹서먹했을지도 모른다. 두 분이 몇 번이고 더 만나셨다면 한국과 세계를 향한 유익한 메시지가 많이 나왔을 텐데 하는 아쉬움이 든다.

당시 이미 노쇠하셨던 스코필드 박사는 그로부터 1년 반이 지난 1970년 4월에 소천召天하셨다. 그 모임은 결과적으로 두 분의 첫 만남이자 마지막 만남이 되었다.

나는 작년에 조순 선생께 새삼스럽지만 두 분의 1968년 대화가 어땠었냐고 여쭈었다. 조 선생은 다른 말씀은 없이 선생의 모교인 보든대학 출신 시인 롱펠로Henry Wadsworth Longfellow의 시를 떠올리셨다. 아마도 그 시에 대해 이야기하고 싶었으나 대화가 한국과 미국의 현실에 치우쳐서 그 시를 소개할 겨를도 없었던 모양이다.

사실 보든대학은 롱펠로뿐만 아니라 〈큰 바위 얼굴〉로 한국에 널리 알려진 너새니얼 호손Nathaniel Hawthorne도 배출했고, 또 미국 14대 대통령인 피어스F. Pierce도 나왔다. 캠퍼스에서 인기가 하늘을 찌를 듯했던 조순 선생도 미국에서의 학부 시절을 회상하며 캐나다 온타리오대학의 명실상부한 세계적 수의학자 스코필드 박사와 문학 토론을 하고 싶으셨나 보다.

그 시의 원문과 번역문을 그대로 싣는다. 조순 선생은 원문의

대부분을 암기했다. 90대 어른에게는 물론이지만 젊은 사람에게
도 기대하기 힘든 일인데도 말이다.


The Rainy Day


The day is cold, and dark, and dreary;

It rains, and the wind is never weary;

The vine still clings to the moldering wall,

But at every gust the dead leaves fall,

And the day is dark and dreary.


My life is cold, and dark, and dreary;

It rains, and the wind is never weary;

My thoughts still cling to the moldering Past,

But the hopes of youth fall thick in the blast,

And the days are dark and dreary.


Be still, sad heart! and cease repining;

Behind the clouds is the sun still shining;

Thy fate is the common fate of all,

Into each life some rain must fall,

Some days must be dark and dreary.

## 비 오는 날

날은 춥고 어둡고 음산한데
비는 내리고 바람은 그칠 줄 모르네.
담쟁이덩굴은 무너져가는 담벼락에 여전히 매달린 채
돌풍이 불 때마다 마른 나뭇잎이 떨어지고
날은 어둡고 음산하네.

내 인생도 춥고 어둡고 음산한데
비는 내리고 바람은 그칠 줄 모르네.
내 생각은 무너져가는 지난날에 여전히 매달린 채
젊은 날의 희망은 돌풍에 와르르 무너지고
나날은 어둡고 음산하네.

진정하라 슬픈 가슴이여! 투덜거리지 말라.
구름 뒤에 태양은 여전히 빛나고 있으니.
그대 운명은 모두의 흔한 운명과 같고
모든 삶에는 어느 정도 비가 내리는 법이며
어둡고 음산한 날들이 어느 정도는 있는 법이야.

# 글로벌 시대에 더 필요한 한글·한자 병용 교육

대학 졸업한 지 50년이 넘은 지금도 나는 대학 은사인 조순 선생
으로부터 계속 배운다. 배우면 실천해야 한다. 그러나 나는 배운
대로 실천하지 못한 것이 많다. 그 가운데 가장 안타까운 것이 한
글·한자 병용의 필요성을 배우고서도 이것을 사회에 제대로 알
리지 못한 것이다. 아니, 나 자신도 한글·한자 병용을 제대로 실
천하지 못했다.

　나는 중·고등학교 때 한문을 배웠다. 중·고등학교 수준으로
는 많이 배웠다. 집에서도 배웠다. 초등학교 3학년에 아버지가
돌아가시기 전까지 〈천자문〉과 〈소학〉 정도는 배웠다. 항상 선
비정신을 강조하시던 아버지는 책을 많이 갖고 계셨다. 그러나
한글 전용의 사회 분위기 속에서 한자를 많이 안 쓰다 보니, 한
문은 물론이려니와 한자마저 많이 잊어버렸다.

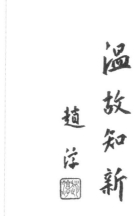

조순 선생의 휘호.
'溫故知新'

조순 선생은 나를 만날 때마다 한글·한자 병용을 강조하셨다.
공식적으로도 꾸준히 한자漢字 사용 캠페인을 하셨다. 한 예로
지난 10년간 동반성장연구소의 월례 포럼에 세 번 나와 발표하
셨는데 그때마다 주제와 연관시켜 한자 사용의 중요성을 역설하
셨다. 여기에 그 내용을 발췌한다.

나라의 발전을 위해서는 과학 기술의 발전도 필요하지만 인문학이
제대로 발전해야 한다. 인문학이 발전하자면 문사철文史哲에 걸친
광범한 식견識見이 있어야 한다. 문사철의 지식은 높은 수준의 어
문능력語文能力을 필요로 한다. 우리나라나 일본의 어문은 한자를
빼면 남는 것이 없다. 대부분 어휘의 원천이 한문이기 때문이다.
한자어를 한글로 쓴다고 그 말의 뜻을 이해할 수는 없다. 한자를

쓰면 쉽게 빨리 읽을 수 있는 글도 한글만 가지고는 읽기도 더디고 이해도 불완전하다.

나는 "한글 전용을 가지고서는 이류국二流國도 어렵다"는 글을 쓴 바 있다. 한마디로 한글만 쓰는 한국어를 가지고 인문학의 발전은 불가능하다. 인문학이 약하면 문화가 약하고, 문화가 약한 나라는 문명국이 아니다.

이 점에 대해 한 가지 제안하고자 한다. 경제, 정치, 사회, 교육 등의 굵직한 정책은 맹목적으로 밀어붙이지 말고 과학적으로 타당성을 실험한 후에 시행해 보라는 것이다. 과학의 생명은 무엇인가? 실험이다. 어문정책에도 실험할 수 있는 것이 많이 있다. 몇 개의 초등학교에서 한자를 가르치는 반과 한글 전용의 반을 나누고 다른 모든 것은 똑같은 조건에서 일정 기간 동안 가르쳐 보라는 것이다. 만일 한자를 배우는 반이 한글만 배우는 반보다 월등한 지능의 발전 수준을 보이지 않는다면, 나는 세상을 어지럽히고 국민을 속인 혹세무민惑世誣民의 죄로, 아테네의 철학자 소크라테스가 당한 처벌을 감수할 용의가 있다.

나는 일본의 대외정책을 미워하지만, 그들의 한자 배우기에 대한 성의를 보면 지력이 상당하다는 것을 절감한다. 일본은 국수주의國粹主義가 강한 나라지만, 어문정책은 국수주의를 고집하지 않는다. 한국에는 국수주의자는 없다고 하면서 어문정책은 국수주의를 고집한다. 국수주의는 문화 발전의 독약毒藥이다. 독약이 아니라 사약死藥이다(〈한국사회가 문고 동반성장이 답하다: 위기의 본질과 대응전략〉, "한국사회 어떻게 살릴 것인가?", 2015. 7).

지금 우리는 무엇을 생각하고 있는가? 지난 70년의 업적, 남겨야 하는 것도 적지는 않을 것이다. 그러나 버려야 할 것은 더 많다. 부디 어딘가에서 젊은 비전 있는 지도자가 나와서 우리의 '낡은 사상을 해방'하여, 참신한 바람을 일으켜 주길 바란다. 특히 가장 핵심적인 부분이 교육이라고 보고 몇 가지 부탁을 하고자 한다.

교육부를 환골탈태하도록 개편해 주길 바란다. ① 대학의 학사 운영은 완전히 대학에 맡기고 교육부는 일체 간여하지 말 것, ② 4년제 대학의 신설은 엄격히 통제할 것, ③ 대학 졸업생의 창업을 활성화하는 시스템을 개발하도록 적극적으로 노력해야 한다. 그리고 ④ 중·고등학교의 평준화 정책을 폐기할 것, ⑤ 교과 운영도 학교가 자율적으로 하게 할 것, ⑥ 한자가 완벽한 국자國字임을 인정하고 한자교육에 대한 제한을 폐지할 것, ⑦ 실업고등학교의 설립 및 그 교육 내용을 보강하고, 졸업생의 고용을 늘리도록 업계와 채널을 마련해야 한다. 이것이 실현되면 우리의 사상이 해방되고 나라는 훌륭하게 될 것이다(〈공동체와 동반성장: 동반성장에 관한 9가지 이야기〉, "인간이 만든 공동체의 건강과 발전의 조건", 2018. 11).


나는 '한글 전용'은 우리나라 문화 발전을 크게 저해沮害하여 나라를 이류국도 어렵게 만든다고 말하고, 글도 그렇게 썼다. 지금도 그렇게 믿고, 또 한 번 이것을 외치고자 한다. 나의 의무이다. 이유는 무엇인가? 한글 전용은 국어의 75%에 달하는 한자어휘漢字語彙 — 학문어學問語, 전문어專門語, 추상어抽象語, 기술어技術語 및 고급일반어를 모두 사어死語로 만들고, 국민은 직설적이고 원색적인 한글만 쓰게 한다. 그 때문에 우리 후진들의 지능 발전이 없고, 있어도 느리고 거칠다.

한자는 어렵지 않다. 사실 쉬운 글자이다. 나무에 관련된 말에는 반드시 나무 木 자가 따라다닌다. 버드나무는 柳, 참나무는 樫, 소나무는 松, 글자 모양만 봐도 이 나무들의 특징을 안다. 柳는 바람에 흔들리는 것 같고, 樫은 딱딱한 나무, 松은 어쩐지 점잖은 것같이 보이지 않는가? 영어는 willow, oak, pine 모두 따로따로 암송해야 한다. 한자는 보면 알고, 영자는 읽어야 알고, 한글은 일일이 발음을 해야 하는데, 한글로 한자어를 알자면 우선 그 한자어의 뜻을 알아야 한다.

한국은 나 혼자의 나라가 아니라, 한국민 모두의 나라이다. 대다수 한국인이 한글 전용이라는 우민정책愚民政策을 선호한다면, 나는 다수를 따르지 않을 수 없다. 그러나 국민과의 상의도 없이 한글 전용을 결정한 것은 몰상식沒常識하고 광포狂暴한 처사였다. 한글 전용은 일류국一流國이 될 수 있는 나라를 영원히 삼류국三流國으로 묶어 놓고 말았다.

한국은 앞으로 무엇을 하든 중국 및 일본과 경쟁, 합작해야 할 숙명을 타고난 나라이다. 이 나라는 중·일이 쓰는 글자 한자를 잘 알아야 할 숙명도 타고났다. 일본은 이 숙명을 일찍이 깨닫고, 독력獨力으로 수백 년의 피나는 노력으로 한자·한문을 완전히 자기의 것으로 만들었다. 한국은 선조들이 잘 쓰던 한자 한문을 걷어차 버렸다. 이 세 나라가 이제 경쟁, 합작할 또 하나의 숙명을 맞았다(〈한반도 르네상스와 동반성장〉, "나라의 중심은 사람이다", 2019. 3).

나는 뒤늦게나마 선생의 말씀을 따르려고 2018년 6월 26일 〈경향신문〉에 "한글과 한자는 상생해야 한다"라는 칼럼을 썼다.

남북 정상회담과 북미 정상회담이 한반도에 평화무드를 조성해 나가고 있다. 잘된 일이다. 그러나 경제는 죽겠다고 아우성들이다. 아직도 저성장과 양극화에서 벗어나지 못하고 있기 때문이다. 그게 다가 아니다. 눈에 보이지 않는 문제도 많다.

하나의 예로 한글 전용론을 들 수 있다. 한글 전용은 '문자 전쟁'으로 표현될 정도로 지난 70년간 지속된 뜨거운 화두였다. 저간의 상황을 살펴보면 지나온 발자취가 평탄치 않았다.

1948년 '한글 전용에 관한 법률'을 제정했음에도 문자 표기는 국한문 혼용을 기조로 이어 왔다. 그러다가 1970년 한글 전용 정책이 전면적으로 시행되고 그를 바탕으로 2005년 '국어기본법'이 제정되면서 다시 한 번 한글 전용에 대한 논란이 불거졌다. 심지어는 1996년 그리고 2016년에는 한글 전용 정책의 위헌성에 대해 헌법재판소로부터 심판을 받기도 했다. 상당한 기간 심사숙고하던 헌법재판관들이 심의한 결과 현행 법조문을 그대로 인정하는 합헌이 결정되고, 한글 전용의 문자정책은 그대로 유지되었다.

그러자 이번에는, 헌법소원의 결정은 그대로 수용하더라도 초등학교의 한자교육만은 교육과정에 넣어 지도해야 한다는 여론이 다시 일어났다. 많은 단체들의 건의와 여론의 추세를 살피던 교육부가 드디어 2014년 초등교과서 한자 병기 추진계획을 널리 공지하기에 이르렀다. 그 결과로 2016년 12월에는 교육부가 287자의 기초한자를 초등학교 교과서에 실어 한자교육을 실시하기로 발표까지 했는데, 교육상의 여러 가지 문제점과 대내외 환경의 변화를 핑계로 이를 백지화하여 오늘에 이르렀다.

나는 자신을 말과 글의 전문가라고 하기에는 부적절하지만 나름대로 문자정책에 관한 관심은 많았다. 경제학을 전공한 학자로서도 그러하거니와, 대학 강의에서도 우리의 말과 글의 사용이 매우 중요함을 진작부터 알고 있었다. 논문 작성은 물론 각종 원고 집필 때마다 한글과 한자어를 두고 고심하기도 했다. 특히 경제학 분야는 한글 표기는 물론이고 한자 그리고 외국어의 사용이 많은 편이다. 새로운 외국 이론의 표기에는 외국어의 사용이 불가피했고, 한글로 표현하기 어려운 대상은 한자어로 표현해야 쉽게 전달된다. 간단한 경제經濟, 경영經營이라는 말도 한글로만 표기해서는 그 뜻을 바로 전달하기가 어렵다.

나는 1990년 조순 선생의 〈경제학원론〉을 개정하는 작업에 참여하였다. 이 책은 1974년부터 그때까지 오랫동안 베스트셀러로 자리매김할 정도로 널리 알려졌을 때다. 그런데 갑자기 출판사에서 연락이 왔다. 책 내용의 표기에 한자가 많아 독자들이 선호하지 않는다는 것이다. 한자로 쓰인 용어, 학술어를 모두 한글로 바꾸어 달라는 것이다. 독자의 요구라 부득이 한자어를 한글로 전환할 수밖에 없었다.

경제학 용어는 대부분이 한자어다. 간단한 예만 들어도 성장, 분배, 지표, 분석 같은 어휘들이 모두 그렇다. 특히 추상어, 개념어, 전문어 등 추리와 분석 사유 전개에 필요한 대부분의 어휘가 한자어인 게 사실이다. 한자어를 한글로 전환했다고 해서 그 개념이 쉽게 전해지는 것이 아니다. 이는 비단 경제학 분야만의 문제는 아닐 것이다.

이런 문제들이 내가 언어정책에 관심을 갖게 한 계기라고도 할 수 있다. 세계에 3천 개 이상의 국가, 민족이 있지만 제 나라말과 제 나라 글자를 지닌 민족은 그리 많지 않다. 우리는 그런 말과 글을 수천 년 전부터 향유하고 있으니 가히 문화민족이라 할 수 있다. 나는 한글 전용의 취지에 동의하면서도 현실적 측면에서 몇 가지 문자정책의 범국가적 배려가 필요함을 절감하고 있다.

그 첫째가 문자가 창의성 개발에 미치는 영향이다. 창의성은 두뇌를 통해 새롭게 생각하는 능력을 말한다. 이때의 창조적 상상력과 사유능력의 바탕은 언어와 문자의 활용에 걸린 문제다. 이 언어와 문자의 창의적 활용이 우리가 갖추어야 할 핵심이다. 저술도 그런 활동의 일부이다. 그러자면 이를 정책적으로 지원해 줘야 한다. 그래야 보다 혁신적인 아이디어가 나올 수 있다. 다른 무엇보다 교육정책에서 언어, 문자교육을 강화해야 한다. 언어에 대한 지식이 넓고 깊을 때, 표현이 명확하고, 명료한 사고가 창출된다. 명료한 사고는 설득력 있는 추론을 유발하며, 추론이 모여 사상체계를 형성하고, 사상체계가 모여서 마침내 하나의 문화벨트가 형성되는 것이다.

다음으로는 한글과 한자가 상생할 수 있는 환경이 필요하다. 이

둘 중 어느 한쪽이 소외되는 것은 옳은 방향이 아니다. 우리의 오랜 역사를 보더라도 한글과 한자는 상생해야 제구실을 할 수 있었다. 이 말은 한글과 한자의 사용에서, 대결보다는 조화를 이루도록 교육과 그 정책을 이끌어야 한다는 것이다. 한글과 한자는 동전의 안팎처럼 분리할 수도 없고 배타적이어서도 안 된다. 그 속에 조상의 숨결도 있고, 정서도 있고, 전통도 있다. 여기에서 이기理氣 철학도 나오고, 예악禮樂에 관한 철학도, 조화와 견제의 미덕도 나왔다. 이런 사상들이 살아나도록 한글과 한자교육의 정책적 배려가 필요하다.

셋째로 문자정책도 주변 정세와 조화해야 한다. 우리는 홀로 사는 독불장군이 아니다. 이웃 나라도 가야 하고, 국제 사회와도 교류해야 한다. 그런 문화적 활동을 위해서라도 거기에 알맞은 우리의 문화정책, 문자정책이 수립되어야 한다. 더구나 우리나라는 동아시아 문화권의 핵심 국가이다. 일본, 중국, 대만이 같은 범주에 속한다. 이들과 함께 가야 한다. 이들은 모두 동아시아 문화권의 보편어인 한자어를 공유하고 있다. 교육에서만은 이들 나라와 나란히 할 수 있어야 한다. 이것이 수천 년간 우리 언어 속에 녹아든 조상의 정신도 이어받고 학문적 성숙도 이룰 수 있는 길이다.

예상했던 대로 여기저기서 반론이 제기되었다.

나는 재반론을 해야 했음에도 삼갔다. 혹시 계속될지도 모를 반론과 재반론, 재재반론을 할 준비가 되어 있지 않았기 때문이다. 또 다른 핑계는 KBO 일 등으로 너무 바빴다. 언젠가 조순 선생이 말씀하신 러셀B. Russell의 "바쁜 머리로부터는 기대할 것이 없다"Little is expected of a busy mind는 말이 생각났다. 부끄러운 일이다. 선생께 죄송하기 그지없다.

그러나 한마디만 보태고 싶다. 유럽에는 나라마다 고유한 언어가 있다. 영어, 프랑스어, 독일어, 이탈리아어, 폴란드어 등 각 나라마다 독립된 언어가 있다. 이들 유럽어의 기원은 라틴어다. 라틴어가 과거 유럽을 지배한 로마의 언어이니 영어나 독일어에서 라틴어 어원을 가진 단어를 모두 폐지하자고 주장하는 유럽 사람을 본 적이 있는가? 나는 한 명도 보지 못했다. 한국어와 한자도 마찬가지다. 한국어와 한자는 이미 우리 언어문화에 융합되어 떼어 낼 수 없다.

한글이 겨레 문화의 독자성과 자존심을 상징한다고 생각하여, 한자漢字가 겨레 문화의 독자성과 자존심을 훼손한다는 주장은 너무 편협하다고 생각한다. 과연 한글을 창제創製한 세종대왕이 오늘날 한자를 쓰지 말자는 대다수 한글학자의 주장에 찬성할지는 의문이다. 경제經濟는 집안 살림이 어원인 economy의 번역어지만, 경세제민經世濟民의 줄임말로 세상을 다스리고 백성을 구제한다는 뜻이 내포되어 있다. 한자를 모르고 어떻게 그 의미를 제대로 이해할 수 있을까? 철학哲學은 지혜에 대한 사랑이 어원인 philosophy의 번역어지만, 인간의 도리道理와 덕德을 자세히 알려 주는 학문이라는 뜻을 내포한다.

한자를 모르고 어떻게 그 개념을 제대로 이해할 수 있을까? 한자가 만들어 낸 단어의 의미가 이미 한국 사회에 뿌리내렸으니 한자를 폐지해도 된다는 주장은 한국어의 의미와 근원을 폐기하자는 주장과 같다.

# 조순 선생과 야구

나는 조순 선생이 야구를 좋아하시는 줄로만 알았다. 왜냐하면 내가 대학 다닐 때 조순 선생은 우리들과 소프트볼을 즐겨 하셨기 때문이다. 한번은 우리 학년 체육시간에 복학생들이 조 선생을 모셔다가 소프트볼을 같이했다. 나도 같이했다.

또 한 번은 평화봉사단Peace Corps으로 상과대학에서 영어를 가르치던 머피Kevin Murphy, 67학번 학생들, 66학번 학생들 그리고 조 선생이 같이 소프트볼을 하였다. 선생은 파울 플라이 볼을 잡기도 하였고, 공격 때는 단타를 치고서는 온힘을 다해 1루로 달리기도 하셨다.

평화봉사단은 1960년대 초 케네디J. F. Kennedy 대통령이 발안하여 만든 것이다. 세계 각국에 봉사단원을 파견하여 영어도 가르치고 다른 봉사활동도 하였다. 주한 미국 대사를 지낸 스티븐스Kathleen Stephens도 평화봉사단원 출신이다.

나는 야구광이다. 학생 때 서울운동장 야구장을 나보다 많이 드나든 사람도 드물 것이다. 나의 야구사랑은 나름대로 오랜 역사를 지녔다.

꽉 막힌 집과 답답한 학교 사이에서 짬짬이 후련한 돌파구를 마련해 준 것은 야구였다. 몸집이 크지 않았지만 나는 발이 빨랐다. 중학교에 들어간 뒤에도 야구부에서 활동했는데 운동 소질이 있다는 소리를 듣기도 했다.

야구는 최초로 내 손바닥 안에 쏙 들어와 준 나만의 세계였다. 무엇보다 나는 야구공이 내 두 손의 범위를 벗어나지 않는 것이 마음에 들었다.

초등학교 때 남루한 일상에서 탈출해 나 자신을 격려하고 외톨이 처지를 극복하려고 처음 도전한 야구는, 그 뒤에 나에게 세상 살아가는 법을 가르쳐 주고, 번번이 도약할 수 있는 날개를 달아주었다.

고등학교 시절, 벗어날 수 없는 가난에 산다는 것 자체가 허무해서 좌절감에 빠질 때도, 야구는 내가 실낱같은 희망의 끈을 끝까지 놓지 않도록 힘을 북돋아 주었다.

미국 유학 때는 야구 구경 때문에 박사학위가 1년은 늦어졌다. 또 컬럼비아대학 교수 면접 때는 한 면접 교수와 야구 이야기로만 70분 이상을 보내기도 하였다. 그래서 덕 보았다. 내가 야구, 즉 메이저리그 MLB를 많이 아는 것을 보니 미국 문화에 익숙하여 학생들을 가르칠 준비가 되어 있다고 면접 교수들이 판단했다

뉴욕 양키스 구장 시구 (2018).

고 한다. 아마도 한국에서 온 미지의 후보를 컬럼비아 교수로 뽑
는 데 덜 주저한 모양이다.

　나는 MLB에서 시구를 두 번이나 하였다. 한 번은 2012년 토
론토에서 보스턴과의 게임에 앞서 했고, 또 한 번은 18년 뉴욕에
서 메츠와 양키스 게임 때였다.

　2018년부터 20년까지 3년간은 한국야구위원회 KBO의 총재(미
국에서는 MLB의 수장을 '커미셔너'라고 부른다)로 일했다. 나는 이
런저런 오해로 비판도 받았지만 KBO의 개혁을 위해 많은 노력
을 했다. 성과도 적지 않았다.

　그런데 다른 경우와 달리 KBO 행을 조순 선생과 의논하지 못
했다. 한 구단의 실질적 구단주와 서울대의 몇몇 교수들이 나를
KBO에 떠밀어 넣듯이 총재로 만드는 바람에 의논드릴 시간 여
유가 없었다.

　다른 때 같으면 뒤늦게라도 축하해 주실 만도 한데 내가 총재
가 된 것을 보고드려도 별 코멘트가 없었다. 오히려 내 주위 사
람들에게 "운찬이는 경제를 주시해야 하는데 야구만 좋아해서 걱
정"이라고 말씀하셨다고 한다. 경제가 하도 엉망이니 경제를 공
부해야 하는데 딴 데 관심을 더 둔다고 걱정하셨던 모양이다.

　나는 한편으로는 경제에 대해 더 관심을 가져야 하겠다고 생각
하면서도, 다른 한편으로는 어떻게 하면 조 선생이 야구에 좀더
관심을 가지실까 고민하였으나 신통한 방법이 없었다. 90대의 선
생을 몇 시간씩 시끄러운 야구장에 모시기도 그렇고, 또 코로나
19가 심각해지면서 야구인들 모임에 초대할 수도 없었다.

그러나 지난해(2021) 12월 조순 선생은 2021년 한국 시리즈를 1차전부터 4차전까지 다 보셨다면서 "야구 참 재미있던데"라고 말씀하셨다. 얼마나 반가웠는지 모른다. 사실 21년 KBO 야구는 코로나 19로 인해 시즌 개막 전 합숙훈련을 하는 스프링 캠프를 변변히 차리지 못해서인지 기량 부족으로 게임의 내용이 충실하지 못했다. 그래도 즐겁게 관람하셨다니 고마울 따름이다.

어쩌면 나 듣기 좋으라고 하신 말씀인지도 모르지만 선생이 야구를 이해하고 좋아하시게 된 것이 기쁠 따름이다. 나 혼자 사랑하던 사람을 선생이 인정해 준 것 같은 뿌듯함을 느꼈다. 앞으로는 더 많은 관심을 가져 주셨으면 좋겠다.

야구는 정말 인생과 많이 닮았다. 9회 말 2사 3볼 2스트라이크까지, 다시 말해 끝날 때까지 끝난 게 아닌 게임이니 인생처럼 흥미진진하지 않은가? 인생지사 새옹지마 人生之事 塞翁之馬라는데 말이다.

# 선생을 실망시켜드렸을 일들

선생의 넘치는 사랑에도 나는 조순 선생이 실망하시거나 서운하시게 한 일이 많았다. 그 많은 이야기를 여기서 다 소개할 수는 없다. 부끄럽기도 하고 기억이 가물가물한 것도 있다.

대학 4학년이던 1969년 여름 서울대 무역연구소에서 조순 선생을 도와드렸다. 선생의 부탁으로 아르바이트를 한 셈이다. 당시 상공부는 무역연구소에 "(1970년의) 수출 10억 달러 달성방안에 관한 연구"를 발주했다. 연구소장은 정병휴 교수였고, 조순 선생은 연구부장이었다. 이 연구는 거시적으로는 수출이 경제에서 차지하는 역할을 알아야 했고, 또 미시적으로는 수출 품목을 자세히 알아야 했다.

비록 50여 년 전이기는 하지만 현재의 수출 5천억~6천억 달러와 비교하면 10억 달러는 정말로 작은 규모다. 당시에는 수출품 대부분이 1차 산업 상품이었고 2차 산업은 섬유나 가발, 합판이 대부분이어서 수출 규모가 클 리 없었다.

그때 해태(김), 다랑어 등 여러 수산물의 이름을 처음으로 들었다. 바다가 없는 충청도 내륙에서 태어난 나는 해산물에 대해 아는 것이 하나도 없었다. 2차 산업 제품에 대해서도 아는 것이 많지 않았다. 그런 상황이라 미시적인 측면을 조사하기가 여간 어려운 것이 아니었다. 선생은 나를 믿고 일을 시키셨지만 이러한 일을 잘하기는 힘들었다. 그래서 말씀은 안 하셔도 미숙한 나에게 크게 실망하셨을 것이다. 학부 학생을 데려다 연구 보조를 시킨 것을 후회했을지도 모른다. 그러나 한 번도 내색하신 적은 없다.

또 연구의 일환—環으로 미국의 무역정책에 관련된 책자(지금 기억하는 것은 'Guidepost'라는 제목밖에 없다)를 번역했는데, 내가 번역하여 원고지에 쓴 것을 선생은 거의 모두 다시 번역하셨던 것으로 기억한다.

어찌 조 선생이 실망하시지 않으셨겠는가? 잘못한 것을 명시적으로 지적해 주면 오히려 마음이 편했을지도 모르겠는데 아무 말씀 없이 다시 번역하시는 걸 보고 너무 부끄럽고 미안했던 기억이 난다. 남들에게 뒷이야기를 하신 적도 없다.

앞서 소개했던 1979년의 (한국경제) "중장기 개발전략에 관한 연구"에서도 연구책임을 맡으신 조순 선생이 간사를 맡은 나에게 각 연구자가 써온 원고를 읽고 평가하라고 하셨다. 어떤 것은, 예를 들면 내 전공인 금융정책 부분은 내가 직접 써 보라고 하셨는데 한 번도 만족시켜 드린 적이 없었다.

1980년대 초중반 암울한 시절에 조순 선생은 나에게 현실에 너무 실망하지 말고 한문을 본격적으로 공부하라고 은근히 권하였다. 또 경제학 고전 연구도 더 깊이 하라고 권하였다. 무엇이든지 5년만 천착하면 전문가, 더 나아가 대전문가가 될 수 있다는 말씀도 덧붙이셨다. 그러나 나는 선생의 주문을 들어드리지 못했다. 지금에 와서 크게 후회한다. 젊었던 그때는 다른 할 일도 많았지만, 선생이 권하신 일들이 너무 힘들고 또 그걸 해서 얻는 것도 별로 없어 보였기 때문이었다. 내가 덜 성숙했던 탓이었다.

1988년은 조순 선생의 회갑년이었다. 학문 분야를 막론하고 회갑을 일찍 맞은 다른 많은 교수의 제자들은 회갑기념 논문집을 냈다. 또 회갑 기념잔치를 한다고 떠들썩했다. 나도 조 선생에게 잔치도 해드리고 묵직한 회갑기념 논문집을 내드리고 싶었다. 그러나 그때 조순 선생은 미국 워싱턴의 국제경제연구소IIE: Institute for International Economics로 장기 방문 중이었다. 뿐만 아니라 당시에는 한국인의 수명이 길어지는 마당에 회갑기념 논문집 안 내기 운동을 벌이는 분위기도 있었다. 많은 사람들은 교수들의 회갑回甲・고희古稀・희수喜壽・미수米壽 행사를 비판적으로 보았다. 여러 가지 부작용도 일어났었다.

　나는 주위 분들과 의논 후 미국에 연락도 없이 조순 선생을 위한 각종 행사를 안 하기로 마음먹었다. 그 후에는 이 관습이 서울대 캠퍼스에서 거의 사라졌다. 다들 반기는 분위기였다. 그런데 왜 하필이면 조순 선생 때부터였냐고 불평을 터뜨리는 이도

조순 선생 팔순 및 모교부임 40주년 기념식 (2007. 3. 8).
조 선생의 오른쪽으로 두 번째가 나.

있었다. 하여튼 미리 말씀도 안 드리고 조촐한 회갑 잔치조차 못
해 드린 것이 못내 송구스럽다. 그래도 100세 생신은 남아 있으
니 선생의 만수무강을 기원해 본다.

물론 2007년에는 상대 24회(66학번) 동기들이 중심이 된 조순
선생 팔순 및 모교부임 40주년 기념행사가 있었다. 또 2010년에
는 김승진 동문(외국어대 명예교수)이 주동이 되어 〈조순 문집〉
을 만들었다.

그 후 다른 기회가 많이 있었으나 조순 선생은 (다소 형식적일
수밖에 없는 이런저런) 기념행사를 마다하셨다. 그래서 2014년 조
순 〈경제학원론〉 출간 40주년 행사로 그 모든 것을 대신하고 싶
었지만 역부족이었다. 중진·중견 경제학자가 60~70명 모였으

〈조순 문집〉 봉정식 (2010. 5. 17).

나 너무 소박해 보였다. 그러나 매스컴은 〈경제학원론〉을 4인 (조순·정운찬·전성인·김영식)에 걸친 연속작이라며 좋은 평을 해 주었다. 작게나마 하나의 위안이 되었다.

나는 이 밖에도 후회하는 것이 많다. 조순 선생이 서울대에 계시면서 장기 해외출장을 가셨을 때, 또 서울대를 떠나 부총리 겸 경제기획원 장관, 한국은행 총재, 서울시장, 국회의원을 하실 때 자주 연락드리거나 찾아뵈었던가? 나는 그러지 못했다. 또 모든 공직으로부터 자유로우실 때 자주 뵈었던가? 그러지도 못 했다.

분명히 항상 선생을 생각했고 수시로 일반 지식인들이나 언론인들에게 선생에 대한 일화나 미담美談을 많이 전했지만 자주 찾아뵙지는 못했다. 솔직히 감사의 마음을 수시로 전하는 살가운 제자는 아니었다.

# 선생을 기쁘게 해드렸을 일들

그래서 나는 조금이라도 잘못을 만회하거나 털어 버리려고 이런 저런 일을 하려고 노력하였다.

1988년 12월 초 선생이 부총리로 지명되시자마자 대학 동기생인 비봉출판사의 박기봉 동문 등과 함께 우리 사회에서 어렵게 사는 사람들의 모습을 직접 보여 드린다며 서울 관악구 난곡의 판자촌으로 모시고 간 적이 있다. 우리는 조 선생이 정말로 어려운 사람들의 실상을 못 보셨을 것이라고 걱정하여 그곳으로 모신 것이다.

밤 8시가 넘었을 때다. 아직 재개발되기 전이라 오물이 많고 악취가 진동했다. 사람이 편히 살 만한 집은 눈에 띄지 않았다. 내가 어릴 적 살던 종로구 낙산동 2번지만도 못해 보였다. 선생은 워낙 사회의 조화와 균형을 강조하며 형평을 중요한 문제로 인식하셨다. 불균형의 실상을 보시고는 눈시울을 붉히셨던 기억이 난다.

1980년대 후반에 한국중공업을 민영화할 것이냐 말 것이냐를 놓고 경제계가 시끄럽고 마침내 경제기획원의 신중론과 상공부의 찬성론이 첨예하게 대립했다. 그때 나는 마음속으로 경제기획원의 의견에 찬성표를 던지고 신문에 내 의견을 과감하게 표출했다. 민영화는 만병통치약이 아니라면서 말이다. 가끔 경제기획원의 친구나 선후배들에게 선생의 훌륭하심을 홍보하기도 하고, 잘 모시라고 부탁도 했다. 그중 한 분이 정재룡 대변인이었다.

선생이 경제기획원 장관 겸 부총리를 하실 때는 이른 아침 관악산을 넘어 정부청사가 있는 과천으로 출근하시곤 했다. 그때 이계식 자문관과 함께 여러 번 선생을 모시기도 했다.

그러나 그게 전부였다. 경제정책에 대해서 말씀드리는 것을 삼갔다. 매일 동행하지도 않으면서 이리저리 섣부른 조언을 드린다면 선생의 구상이나 의견에 방해가 될까 봐 두려웠기 때문이다. 물론 가까이 지내던 이 자문관에게는 자유롭게 이래라저래라 코치했다.

1990년대 초에 선생이 한국은행 총재를 하실 때는 더욱 조심했다고 기억한다. 한국은행은 원래 보수적인 곳이다. 또 중앙은행은 다소 보수적이어야 한다. 외부의 이런저런 압력에 휘둘려서는 안 된다. 그래서 더 자숙했다.

그러나 선생에게 한 가지 확실히 말씀드린 것은 있다. 다른 문제에서도 그렇지만 특히 한국은행 독립에 대하여, 전국에 널리 흩어져 있던 일부 한국은행 출신 경제학 교수들은 다소 소극적이었다. 속으로는 독립성을 옹호하면서도 그랬다. 그것은 한국은행에 남아 있는 현직들과 이들 간에 보이지 않는 불협화음이 있었기 때문이라고 생각되었다.

나는 선생에게 한국은행 OB 모임을 구성하시라고 권했다. 선생은 내 제안을 받아들이셨다. 그 후 한국은행 잔류파와 한국은행을 떠난 경제학자들은 비교적 우호적인 관계로 발전했다.

서울시장 때 일은 이미 소개했다. 1990년대 후반 국회에 계실 때는 한 번도 국회를 방문한 적이 없다. 다만 강릉 국회의원 보궐선거 때에는 나름대로 선거에 일조했다고 자부한다. 친구 그리고 선후배들과 함께 강릉 유세장에 직접 갔고, 재경在京 강릉인들에게 고향 사람들을 잘 설득해서 조순 후보를 꼭 지지해 달라고 부탁도 널리 했다.

대단치도 않은 작은 에피소드를 이것저것 엮어 소개한 것은 내가 조순 선생을 위해 한 일이 너무 없어서 뒤늦게나마 하나라도 더 기억해 내려고 서둘러 애쓴 결과다. 반성문을 쓴다며 은근히 내 자랑까지 한 것 같아 선생께 죄송할 뿐이다.

## 글을 마무리하며

처음에 이 글을 쓰기로 생각한 것은 아주 단순한 이유 때문이다.

조순 선생을 떠올리면 지금도 서울대 강의실에 처음 나타나셨을 때의 모습, 겸손하면서도 당당하고 지적이면서도 멋진 풍모를 갖춘 청년 같은 장년의 모습이 보인다. 그런 선생이 이젠 90대의 노인이 되셨기에 하루라도 빨리 선생이 내게 얼마나 커다란 영향을 미치고 은혜를 베푸셨는지를 상기시켜 드리고 싶었다. 또 선생이 어느 자리에서나 대한민국의 성장과 발전에 최선을 다하셨음을 말씀드리고 싶었다.

미래에 대한 꿈을 갖는 것조차 사치였던 가난한 대학생에게 아무런 조건 없이 물심양면으로 도와주시고, 계속해서 더 큰 길을 걸어가도록 지도해 주신 조순 선생 덕분에 모교의 교수와 총장, 국무총리를 하고 또 선생에게 영향을 받은 동반성장의 주춧돌을 계속 쌓아가는 것에 대한 감사함도 글로 남기고 싶었다. 글을 쓰다 보니 선생 덕분에 나도 참 열심히, 성실히 살아왔음을 알게 되었다.

선생과 나는 반세기가 넘는 시간 동안 대한민국 현대사의 많은 장면에서 함께 웃고 때론 눈물도 삼키면서 지금도 스승과 제자의 관계를 유지하고 있다. '조순 선생의 제자'라는 것은 내 이력에 가장 빛나는 자랑이다. 스승인 조 선생에게도 자랑스러운 제자가 되고 싶었다.

돌이켜 보면, 19세기 미국 시인 에머슨Ralph W. Emerson이 노래한 〈What is success?〉 시구 그대로다. 인생의 고비마다 조순 선생이 함께해 주셨기에 내가 숨을 편히 쉴 수 있었다.

선생은 내가 늘 우러러보며 꿈을 키워 온 '큰 바위 얼굴'이셨다. 내 허물을 늘 감싸 주는 푸근한 보자기까지 되어 주셨다.

아무리 생각해도 나는 완벽한 스승을 가진 것이 분명하다. 더 바랄 수 없는 평생의 축복이요, 자랑이다. 다시 한 번 조순 선생에게 사랑과 감사를 전한다.

스승님, 감사하고 사랑합니다.

조사

# 조순 선생은 우리 시대 진정한 르네상스맨

2022년 6월 23일 장맛비가 억수같이 내리던 날, 조순 선생은 우리 곁을 떠났다. 우리 시대의 진정한 르네상스맨이 사라졌다.

선생은 시와 서에 능하고, 〈사서삼경〉과 아담 스미스의 〈국부론〉을 섭렵했으며, 현대 경제학의 큰 물줄기를 만들었던 케인즈, 슘페터, 하이에크의 진면목을 이해했던 학자였다. 강릉의 모옥茅屋에서 〈목민심서〉를 읽으며 경세제민經世濟民을 다짐했고, 봉천동 자택인 소천서사少泉書舍에서 〈경제학 원론〉을 집필하며 후학을 양성했으며, 출사해선 국사와 민생을 돌봤다. 일촌광음도 소홀히 하지 않는 근면과 중용中庸은 일생의 좌우명이었고, 학문적 깨달음을 현실에 적용하는 실사구시實事求是는 그가 추구한 궁극적 목표였다.

선생의 학문적 관심의 폭과 깊이는 필부가 쉽게 헤아리기 어렵다. 그래서 때때로 편협하고 정형화된 인식의 틀 속에 그를 가두려는 사람들의 빗나간 비판의 대상이 되기도 했다. 우리나라에

2022년 스승의 날, 조순 선생의 서울 관악구 봉천동 자택에 모인 〈경제학 원론〉 공동 저자들. 왼쪽부터 김영식 서울대 교수, 전성인 홍익대 교수, 조순 선생, 필자.

정식으로 '케인즈'라는 위대한 경제학자를 소개하고 케인지언들을 제자로 길러냈지만, 정작 당신은 케인즈의 틀에 안주하지 않았다.

오히려 중요한 경제학 고전을 후학들이 직접 섭렵해 원저자의 다양하고 유연한 사고를 반추할 것을 강조했다. 후학들과 〈아담 스미스 연구〉, 〈존 스튜어트 밀 연구〉 등의 학술서를 출판한 것은 빙산의 일각일 뿐이다. 대학이나 대학원 강의에서 하이에크의 〈물가와 생산〉, 빅셀의 〈이자와 물가〉, 아더 루이스의 〈경제성장론〉, 슘페터의 〈경제발전론〉 등 주옥같은 경제학 고전들을 동료 교수들, 박사과정 학생들과 공부하고 토론했다.

이 대가들 가운데 여럿이 케인즈에 비판적 입장을 견지했다는 점을 상기하면 선생의 학문적 관심의 대상을 케인즈로 축소하는 것은 정확하지 않을 뿐만 아니라 부당하다. 일반인들은 그를 '관악산 산신령'으로 불렸지만 선생의 지적 깊이, 학문적 열정, 유연성에 감명받은 후학들은 그를 시카고대 교수였던 해리 G. 존슨을 본떠 '해리 G. 조순'이라고 부르기도 했다.

조순 선생은 학문을 단순히 지적 유희의 대상으로 생각한 것이 아니라 국가의 번영과 발전을 위한 중요한 수단으로 파악했다. 학자이기 이전에 치국과 평천하를 꿈꾸는 경세가였다.

선생의 고향인 강릉 고택 앞에는 커다란 입석이 2개 서 있다. 거기엔 준도행기 봉천수명遵道行己 奉天受命이라는 선생의 친필 휘호가 각인돼 있다. 도를 따라서 몸을 행하고, 하늘을 받들어 명을 받는다는 뜻이다. 선생이 상아탑을 떠나 공직으로 향할 때 어떤 마음가짐이었는지 짐작케 한다.

경제부총리와 한국은행 총재를 역임하면서 당신이 수학한 것을 현실에 적용하려 노력했다. 토지공개념과 중앙은행 독립성 등은 오늘날까지 깊은 울림을 주는 정책 방향이었다. 최초의 민선 서울 시장으로서는 성수대교 붕괴와 삼풍백화점 참사를 수습하고, 당산철교를 개축했으며, 콘크리트 정글이던 여의도의 5·16 광장을 상업적으로 개발하자는 압박을 뿌리치고 공원으로 보존하는 뚝심을 보였다.

이제 그는 갔다. 그러나 그가 보여 준 열정과 성심 그리고 실사구시의 정신은 우리들에게 귀감으로 살아남을 것이다.

# 헌사

## 세상에서 가장 아름다운 사부곡

김홍범 (경상국립대 경제학부 명예교수)

지난 2월 초, 정운찬 선생께서 당신의 스승이신 조순 선생께 올리는 감사의 글을 읽어 보라 하시며 초고를 보내주셨다. 세상에서 가장 아름답고 깊은 감사가 담긴 선생의 사부곡師父曲이었다. 나는 초고를 찬찬히 읽은 후, 당시 떠오른 느낌을 다음과 같이 정운찬 선생께 가감 없이 말씀드렸다.

보내 주신 두툼한 분량의 초고 페이지를 천천히 넘기며, 각 페이지마다, 각 문단마다, 각 문장마다, 심지어 단어 하나하나마다 흠뻑 밴, 조순 선생님에 대한 선생님의 존경과 흠모의 깊으신 그 마음을 헤아려 보게 됩니다.

선생님의 높으신 연세에도, 평생 스승이신 조순 선생님께서 대부분 빚어 주신 지난 반세기의 전체적 시간 흐름을 손수 세세히 떠올리시고 시공을 자유롭게 넘나들며 완성하신 정감 어린 이 아름답고 순수한 기록에 누가 감히 깊은 감동을 느끼지 않을 수 있을까요.

지난 반세기 넘는 동안 선생님께서는 조순 스승님을 어려워하시면서도 마음으로 무척 살갑게 느끼고 계십니다. 스승님께서는 엄격하시면서도 선생님에게 인자하신 무한 사랑을 베풀고 계신 덕분입니다. 초고를 읽다 보면 제 마음속엔 어느덧 '어울림'ensemble, '균형'balance, '영감'inspiration, 또는 '동행'company과 같이 아름다운 단어들이 차례를 다퉈 번갈아 반짝이고 있습니다. …

조순 선생과 정운찬 선생은 두 분 다 나의 스승이시다. 나는 1970년대 후반과 80년대 초 서울대 경제학과(지금의 경제학부)에서 학부 및 석사과정을 마쳤다. 학부 시절에는 조순 선생께 경제원론을, 대학원 시절에는 정운찬 선생께 화폐금융론을 각각 배웠다. 정 선생은 나의 석사학위 논문도 지도해 주셨다.

그 후 40년이라는 세월이 지났지만, 정운찬 선생은 내 마음속 깊숙이 각별하신 분으로 내내 남아 계신다. 가정 형편이 몹시 어려웠던 학창 시절, 나는 집안 생계를 위해 돈을 벌어야 했다. 가난했지만 공부를 계속하고 싶었던 나를 경제학과 조교(교육공무원)로 이끌어 주신 분이 바로 정운찬 선생이다. 덕분에 당시 다니던 한국은행을 그만두고, 조교로 일하면서 대학원 과정을 밟을 수 있었다. 그렇게 시작된 선생과의 인연은 이후 학문적으로 살갑게 면면히 이어졌다.

'학문적으로 살갑다'는 표현은 어쩌면 생뚱맞아 보일 수도 있겠다. 하지만 35년 넘게 대학 교수로 살아온 나는 정운찬 선생과의 인연에 이처럼 딱 맞는 표현도 없다고 여긴다. 선생 주변에는 수제자들이 넘쳐난다. 수십 년 동안 우리나라의 최고 수재들을 가르치셨으니 그도 그럴 법하다. 하지만 나로서는 그런 수제자들 가운데 평범한 한 사람이기보다는 선생께서 나를 진솔한 애제자로 보아주시기를 은근히 바라고 있었던 것 같다. 사실, 나 스스로 애제자라는 살가운 느낌을 강하게 느낀 적이 있었다.

2000년 출간하신 〈화폐와 금융시장〉의 개정을 위해 제2 저자 역할을 맡으라고 선생께서 말씀하셨던 2004년 여름 즈음이었다. 그 말씀이 내겐 실로 살갑게 다가왔기에, 그만큼 더 무한 책임을 느꼈다. 처음에는 과연 잘 해낼 수 있을까 하는 부담과 망설임도 있었다. 하지만 결국 선생의 말씀을 감사히 받아들였고, '두려움과 떨림'의 마음으로 미리 집필 기간을 넉넉히 잡고 개정 작업 때마다 최선을 다했다. 그런 덕분에, 지난 15년간 진행된 세 차례의 전면개정에도 선생의 원저에 적어도 이렇다 할 누는 끼치지 않은 것으로 보인다. 나는 이것을 큰 다행으로 여긴다.

독후감을 써 보면 어떻겠냐고 말씀하신 바로 며칠 전에도 나는 애제자로서의 살가운 느낌을 받았다. 정운찬 선생께서는 이 책 머리말에서 "(앞으로) 제2, 제3의 조순 선생이 나타나 훌륭한 사제의 도가 펼쳐지길" 세상의 모든 스승에게 당부하셨다. 정말이지 이렇게 말씀하실 만하다. 사실 선생도 오래전 나를 통해 그런 '훌륭한 사제의 도'를 이미 세상에 보여 주셨다. 나처럼 큰 감사로 고개를

절로 끄덕일 선생의 애제자들이 내가 알기로도 여럿 더 있다.

정운찬 선생의 사부곡은 조순 스승님을 향한 선생의 순수한 마음을 그대로 그려낸 따뜻하고 인간적인 내용이다. 사제 간에 흐르는 삶의 은은한 온기와 아름다움이 글의 곳곳에 가득 배어 있어서 그렇다. 운 좋게 정운찬 선생의 제자가 될 수 있었던 나로서는 이 옥고를 읽으며 선생을 향한 나의 마음을 다시금 되새겨 보는 뜻깊은 시간을 보냈다. 하지만 젊은 세대의 독자분들은 이 글에 그려진 '훌륭한 사제의 도'가 어쩌면 조금 낯설게 느껴질지도 모르겠다. 혹시 그런 분이 있다면 그것은 아마도 세대의 차이에서 나오는 지극히 자연스러운 느낌일 것이다.

상수上壽를 바라보시는 올해 94세의 조순 스승님을 오로지 기쁘게 해드리려는 일념으로, 고희古稀를 훌쩍 넘기신 75세의 정운찬 선생이 적지 않은 시간과 정성을 쏟아 절절한 내용의 이 책을 쓰셨다. 그런 사실 하나만으로도 독자 여러분 한 분 한 분에게 깊은 울림은 쉬이 잦아들지 않을 것 같다. 정운찬 선생의 제자이자 독자의 한 사람으로서, 나는 이 책에 투영된 아름다운 사제관계가 개인적 차원을 뛰어넘어 우리 사회를 더 밝고 더 따뜻한 양지로 인도하는 한줄기 밝은 빛이 되기를 진심으로 소망한다.

"제자들에게 늘 좋은 말씀을 들려주시는 정운찬 선생님, 언제나 건강하십시오!"라고 다시 한 번 간곡히 기원해 본다. 선생 생각에 창문 밖 풍경이 따스하고 정겹게만 느껴지는 밝고 아름다운 봄날 아침이다.

# 조순 선생 연보

1928. 2. 1    강원도 강릉 출생

## 학력

1946    경기고 졸업
1949    서울대 상과대학 전문부 졸업
1960    미국 보든대학 경제학 학사
1967    미국 캘리포니아대학(버클리) 대학원 경제학 박사

## 경력

1949~1950    강릉농업학교 교사
1951    육군 보병 9사단 통역장교
1951~1952    육군사관학교 수석고문관실 통역장교
1952~1957    육군사관학교 교수부 전임강사
1965~1967    미국 뉴햄프셔대학 조교수
1968~1969    서울대 상과대학 부교수
1969~1975    서울대 상과대학 교수
1969~1976    국무총리실 기획조정실 평가교수
1969~1976    한국은행 조사 1부 고문교수
1972~1973    경제기획원 외자도입 심의위원
1974    한국무역연구소 소장
1975~1988    서울대 사회과학대학 교수

| | |
|---|---|
| 1975~1979 | 서울대 사회과학대학 학장 |
| 1975~1976 | 재무부 금융제도 심의위원 |
| 1978~1979 | 한국국제경제학회 회장 |
| 1981~1985 | 대한민국학술원 회원 |
| 1982 | 다산경제학상 수상(제1회) |
| 1987~1988 | 미국 국제경제연구소IIE 객원연구원 |
| 1987~ | (현) 대한민국학술원 회원 |
| 1988~1990 | 부총리 겸 경제기획원 장관 |
| 1992~1993 | 한국은행 총재 |
| 1994~1995 | 바른경제동인회 회장 |
| 1994~1995 | 이화여대 석좌교수 |
| 1995~1997 | 서울특별시 초대 민선 시장 |
| 1997 | 민주당 총재 |
| 1997~1998 | 한나라당 총재 |
| 1998~2000 | 한나라당 국회의원 |
| 1998~2000 | 한나라당 명예총재 |
| 2002~ | (현) 서울대 경제학부 명예교수 |
| 2002~2007 | 한국고전번역원 회장 |
| 2003~2004 | 대통령 직속 국민경제자문회의 부의장 |
| 2004~2010 | SK 사외이사 |
| 2004~2015 | 바른경제동인회 회장(제5대) |
| 2005~2008 | 한국학중앙연구원 이사장 |
| 2006 | 명지대 사회과학대학 경제학과 석좌교수 |
| 2009 | 한러문화경제협회 대회장 |
| 2015~ | (현) 바른경제동인회 명예회장 |

# 저자 정운찬 연보

1947. 3. 21   충남 공주 출생

**학력**

1966          경기고 졸업

1970          서울대 경제학과 졸업

1972          미국 마이애미 대학원(오하이오) 경제학 석사

1978          미국 프린스턴 대학원 경제학 박사

2004          러시아 극동국립대학 국제교육학 명예박사

**경력**

1970~1971     한국은행 행원

1976~1978     미국 컬럼비아대학 조교수

1978~1983     서울대 사회과학대학 경제학부 조교수

1983          미국 하와이대학 초빙 부교수

1983~1988     서울대 사회과학대학 경제학부 부교수

1986~1987     영국 런던정경대학 경제학과 객원 부교수

1988~2009     서울대 사회과학대학 경제학부 교수

1996~1997     서울대 경제학부 학부장

1998~1999     한국금융학회 회장

1998~2002     한국금융연구원 자문위원

1999          독일 보훔대학 초빙교수

| | |
|---|---|
| 1999~2002 | 예금보험공사 자문위원 |
| 2000~2001 | 재정경제부 금융발전심의회 위원장 |
| 2002 | 보건복지부 국민연금발전위원회 위원장 |
| 2002 | 서울대 사회과학대학 학장 |
| 2002~2006 | 서울대 총장(제23대) |
| 2004 | 사이언스코리아 공동의장 |
| 2005 | 포스코 청암재단 이사 |
| 2006~2007 | 한국경제학회 회장(제36대) |
| 2006~2020 | 도쿄대학 총장 자문위원 |
| 2008 | 미국 프린스턴대학 초빙연구원 |
| 2008~2009 | 한국사회과학연구협의회 회장 |
| 2008~2009 | 서울대 금융경제연구원 원장(제1대) |
| 2009 | 워싱턴대학(시애틀) 초빙연구원 |
| 2009~2010 | 대한민국 국무총리(제40대) |
| 2010~2012 | 동반성장위원회 위원장 |
| 2011~ | (현) 서울대 명예교수 |
| 2012~ | (현) 동반성장연구소 이사장 |
| 2018~2020 | 한국야구위원회 총재(제22대) |
| 2021~ | (현) 한국스포츠미디어학회 고문 |

# 저자 소개

## 정운찬

충남 공주에서 태어나 경기고와 서울대 상과대학 경제학과를 졸업했다. 졸업 후 한국은행에서 잠깐 근무하다 미국으로 건너가 마이애미대학에서 경제학 석사학위를 받았고, 프린스턴대학에서 경제학 박사학위를 받았다. 컬럼비아대학에서 교수로 강의와 연구를 하다가, 1978년 말 귀국해 서울대 강단에 섰다. 서울대 경제학부장과 사회과학대학장을 거쳐, 서울대 제23대 총장에 선출되었다.

이후 대한민국 제40대 국무총리로 봉사했고, 동반성장위원회 초대 위원장을 맡아 '동반성장'이라는 화두를 한국 사회에 알리는 데 힘썼다. 지금은 동반성장연구소 이사장을 맡아 '동반성장 전도사'로 활동 중이다. 한국야구위원회KBO 커미셔너로도 일했다.

주요 저서로는 《도전받는 한국경제》, 《금융개혁론》, 《경제학원론》, 《통계학》, 《중앙은행론》, 《거시경제론》, 《한국경제 죽어야 산다》, 《예금보험론》, 《한국경제 아직 늦지 않았다》, 《화폐와 금융시장》 등이 있다.